교육철학잡기 6

독일 기행, 아우구스티누스,
『주역』, 그리고 화이트헤드

2
0
2
3
-
1

어느 은둔 교육철학자의 사색과 탐구 에세이 ⑥

신창호

박영story

나의 아내 유희재 박사(1959~2021)를 그리며

머리말

『교육철학잡기』 여섯 번째, 제6권이다. 2023년 2월까지는 거의 매일 글을 썼으나 3월부터는 일주일에 한두 번이 고작이다.

핑계를 대자면 간단하다. 안동 풍산에 새로운 거처를 마련했기 때문이다. 이사를 하고 집안을 정돈하고, 농토를 정비하여 농사 일까지 하다 보니, 글을 제대로 쓰지 못했다. 이른바 '한국 정신문화의 수도'라고 하는 안동의 망천 시우실 마을에서 '은둔(隱遁) 아닌 은둔'을 시작한 탓이다.

지난 3년여 동안 엄마, 아내, 장모까지, 모두 이 세상에서의 생을 마감했다. 내 삶의 대들보와 기둥이 허물어졌다. 슬픔은 아직도 가시지 않았다. 다른 다짐이 필요했다. 그렇게 생각의 끄트머리에서, 재빨리 결정했다. 피안(彼岸)을 여행 중인 아내를 편하게 영접(迎接)할 수 있는 그리움의 집! 밤하늘에 반짝이는 별로 세상을 내려다보며, 다시 내 영혼(靈魂)의 대들보와 기둥이 될 수 있는, 그런 자연에 거처하고 싶었다. 그저, 무너진 내 마음의 집을 서둘러 지은 셈이다. 이 시우실 망천에 언제까지 은둔할지는 모르겠다. 내 생의 데미안이 남긴 메시지를 제대로 구현했을 때쯤이면, 이곳을 나설 수 있을까?

어쨌건 2023년 상반기에, 부지런히 글을 쓰지 않은 나 자신에게 상당히 미안하다. 부끄럽다. 학문 단련(學問 鍛鍊)에 무슨 핑계가 있던가? 나태함에 젖어, 글을 제대로 읽고 쓰지 않았을 뿐! 무슨 변명을 하겠는가? 그렇다고 무리하게 쓰는 것도 금물이다. 현실의 여러 형편을 긍정하자!

이번 『잡기』에는 연초에 다녀온 독일 기행 감상과 아우구스티누스의 『고백록』, 그리고 『주역』의 몇몇 구절을 독해했다. 중간중간에 그때그때 일정에 맞춰 느낀 심경을 토로한 글도 몇 개 있다. 4월부터는 화이트헤드의 『사고의 양태』를 심도 있게 검토하며 교육철학적 사색을 고양하려고 마음먹었다. 그러나 형편상 제대로 읽지 못했다. 이 또한 너무나 미안하다.

2023. 8. 처서절(處暑節)에

안동 풍산의 망천 시우실에서

신창호

차례

****

1월

January II (1875)
Fidelia Bridges (American, 1834-1923)

계묘년(癸卯年) – 검은 토끼의 해, 첫 날

2023. 1. 1. 5:20

나는 1963년 계묘년(癸卯年)에 태어났다. 올해가 꼭 60년을 채우는 연도다. 환갑(還甲) 또는 회갑(回甲)을 맞는 해다. 나이로는 61세다. 이 환갑이라는 것이 참 오묘하다. 인생의 의미를 다양한 각도로 헤아리게 만든다.

'자(子:쥐)-축(丑:소)-인(寅:범)-묘(卯:토끼)-진(辰:용)-사(巳:뱀)-오(午:말)-미(未:양)-신(申:잔나비:원숭이)-유(酉:닭)-술(戌:개)-해(亥:돼지)'의 '십이지(十二支)'와 '갑(甲)-을(乙)-병(丙)-정(丁)-무(戊)-기(己)-경(庚)-신(辛)-임(壬)-계(癸)'의 '십간(十干)'을 순서대로 조합하여, 사주팔자(四柱八字)를 엮는다. 사주팔자를 고려하며, 우주 자연의 이치와 인생의 길흉화복(吉凶禍福)을 논의하는 전통이 중국을 중심으로 하는 한자 문명권에서 오랫동안 지속되었다. 언제 어디서 왜, 12지(支)와 10간(干)이 인류의 시공간을 헤아리는 장치로 활용되기 시작하였는지 자세히 알기는 어렵다. 하지만, 간지(干支)가 인간의 단위별 삶을 정돈하는 데 유용한 도구 역할을 하는 것은 분명하다.

한 해를 보내고 맞이할 때마다, '송구영신(送舊迎新)'의 인생연가(人生戀歌)를 부르며, 새해 소망을 비는 것이 연례행사처럼 이어진다. 하지만 나는 어릴 때부터 고독한 시공간에 머물러 있어서 그런지, 새해 소망과 같은 감정이 적극적으로 솟아오르지는 않는다. 그냥 세월의 흐름에 주어지는 인생사에 몰두할 뿐이다. 그 어느 때보다도, 올해는 몇 가지 변화가 생길 듯하다.

먼저, 고려대학교 평생교육원장 자리를 미리 그만둘 생각이다. 정해진 임기는 올해 12월 31일이지만, 이미 연임을 하고 있고, 무엇보다도 오는 3월 1일에 새 총장이 취임하기에, 그분의 학교 경영에 적합한 인물이 새로 원장직을 수행할 수 있도록, 보직에서 물러나는 것이 마땅하다. “새 술은 새 부대에 담아야 한다!”라는 속담도 있듯이, 총장인수위원회가 만들어지면, 바로 사퇴 의사를 밝힐 예정이다.

다음으로는 안동 풍산의 망천(시우실)에 새로 지은 집으로 이사를 해야 한다. 남양주 집은 당분간 그대로 두어야 하므로, 절반의 이사가 될 것이다. 일단, 책을 중심으로 옮기고, 교육과 연구, 문화 사업을 지속할 수 있는 기반을 마련해야 한다. 문화 사업의 공간은 <꼬레아 아테나 고등교육원>이 사용할 수 있도록 별도로 정리했고, 살림집은 형님과 누나에게는 우리 형제가 함께 모이는 거주 공간일 것이고, 두 딸에게는 별장 역할을 할 것이다.

그 이외에는 평소와 다름없다. 안동과 남양주 집을 오가며 교육과 연구를 이어갈 뿐, 큰 변화는 없다. 내 인생이 이렇게 단순하다. 대학 졸업 후에 거의 평생을 대학에만 있었으니, 할 줄 아는 것이 교육과 학문 연구 분야 이외에는 내세울 것이 없다. 사람들이 ‘특별히 하는 운동이 있느냐?’라고 물을 때마다, ‘직립보행(直立步行)도 아직 다 못 했습니다! 하하!’라고 웃으면서 한마디 던지는 것만 봐도 그러하다. 요즘, 그 흔한 골프나 등산도 즐기지 못했다. 골프채 한번 잡아보지 못했고, 백두대간 하나 제대로 오르지 못했다. 그렇다고 학문 연구가 깊어진 것도 아니다. 참 부끄러운 세월이 지났다. 그동안 뭘 했을까? 60 평생, 정말 못난 인생이었던가? 부끄럽기 짝이 없다. 기껏해야 망천 시우실에 새로 보금자리를 마련했을 뿐인가!

『향토문화대전』에 의하면, 시우실 마을은 옛날부터 '망천(輞川)'으로 불렸다. 낙동강 주변에 자리한 마을의 생김새가, 아름다운 경치를 지닌 중국의 망천(輞川)을 빼어 닮았다고 해서 그렇게 불렸다고 한다. 이후, 바위를 쪼아 만든 부처상인 마애석조비로자나불좌상(磨崖石造毘盧舍那佛坐像)이 있어 마을 이름을 마애(磨崖)로 변경했단다. 망천의 절벽은 마애 마을 앞 낙동강 기슭에 길게 늘어서 있으면서 아름다움을 뽐낸다.

망천은 기암절벽과 낙동강이 어우러져 한 폭의 동양화 같은 절경을 자랑한다. 마애 마을을 감싸고 도는 낙동강 기슭의 망천 절벽은 예로부터 빼어난 경치로 유명해 수많은 시인 묵객이 이곳의 아름다움을 노래했다고 한다.

『영가지(永嘉誌)』에서는 풍산현(豊山縣) 남쪽 5리에 있는 이곳의 풍경을 "절벽이 옥을 깎아지른 듯 여러 봉우리가 삼면에 경치를 이루고, 넓은 들, 맑은 모래, 그 경치와 기상은 언어로 다 형용하지 못하겠다!"라고 찬탄하고 있다. 강물이 마을 동쪽에서 서북으로 굽이를 돌려 절벽 앞에는 물이 고여 소(沼)를 이루고 흘러간다. 넓은 백사장이 펼쳐져 있으며 강 언덕에는 소나무 숲이 울창하다. 그 강물을 따라 조금 떨어진 곳에 '하회(河回)마을'과 '병산서원(屛山書院)'이 자리 잡고 있다.

내 집이 있는 시우실 마을은 마애 절벽에서 약 1㎞쯤 떨어져 있다. 야트막한 산으로 둘러 싸여 포근함을 더한다. 더구나 새로 지은 집은 서애(西厓) 류성룡(柳成龍, 1542~1607) 선생의 15대 후손이 살았던 집터다. 포근한 산수(山水)와 서애 선생의 학풍(學風)을 받아 안으며, 나는 내 인생의 중·후반부를 여기서 보내기로 결심했다. 나름대로는 다시, 은둔(隱遁)이다.

망천(輞川) - 철곡(鐵谷), 시우실로 가는 길

2023. 1. 2. 5:30

내가 은거(隱居)하려는 망천은 중국 당나라의 시인 왕유(王維, 701~759)와 연관된다. 왕유는 이백(李白, 701~762), 두보(杜甫, 712~770)와 더불어 당나라의 3대 시인으로 일컬어진다. 두보는 '시성(詩聖)'이고 이백은 '시선(詩仙)'이며 왕유는 '시불(詩佛)'로 불린다.

왕유는 31세(731년)에 부인을 잃고 재혼하지 않은 채 평생을 살았다. 아내가 피안(彼岸)에서 여행 중인 만큼, 나도 그렇게 살 계획이다. 왕유는 50세(750년) 무렵에 모친 최씨(崔氏)의 병환이 위중해지자 이부낭중(吏部郎中)의 벼슬을 그만두고 망천의 별장에 은거했다. 이듬해 모친이 별세하고 3년 상(喪)을 마칠 때까지 최소한 3년 이상 망천장(輞川莊)에 칩거한 것으로 추측된다. 이후에도 30여 년을 홀로 거기에서 세상사를 멀리하며 세속과 떨어져 살았다. 이후, 망천은 '은둔(隱遁)'·'은거(隱居)'의 최고 상징으로 자리매김했다. 망천은 현재 서안(西安: 長安) 부근의 종남산에 있다. 코로나 질병 사태가 조금 완화되면, 빠른 시일 내에 기행 답사를 다녀와야겠다.

왕유는 망천에서 은거하며, 그 풍광과 자신의 심경을 노래했다. 그것이 『망천집(輞川集)』으로 남아 있다. 『망천집』에는 망천장 주변의 20여 가지 경물(景物)을 읊은 시가 실려 있다. 계절에 따라 달라지는 경치를 보며, 그는 자신의 인생을 그 속에 녹여 묻었다. 내 학문도 한국의 망천, 시우실에서 마무리 될 수도 있겠다.

왕유가 읊은 시 한 수를 기록해 본다. <대나무 숲 속의 집>, '죽리관

(竹里館)'이다. 옛날 내 고향집 담장 주변에는 푸른 대나무가 둘러싸고 있었다. 시우실에 새로 지은 집 담장 주변에도 대나무를 심을 것이다. 왕유가 은거하며 노래했던 <대나무 숲 속의 집: 竹里館>이다.

대나무 숲 속의 집	죽리관(竹里館)
홀로 그윽한 대나무 숲 속에 앉아	독좌유황리(獨坐幽篁裏)
거문고 타며 휘파람 길게 부는데	탄금부장소(彈琴復長嘯)
깊은 숲 그 누구도 모르거늘	심림인부지(深林人不知)
밝은 달이 찾아와 비추고 있네	명월래상조(明月來相照)

나의 새 별칭(別稱)들 고민 - 망천(輞川), 철곡(鐵谷), 시우실에 부여하는 의미

2023. 1. 3. 5:30

“새 술은 새 부대에 담아야 한다!”라고 했듯이, 안동의 새 집에 머물 때, 집과 서재, 작업실 등은 어떤 명칭이 적합할까? 그 명칭이 내 삶을 보다 풍요롭게 할 수 있다면, 내 활동에 적합하게 붙일 필요가 있겠다. 여러 가지로 고민 중이다.

먼저, 옛날 이름을 고려한다면, ‘망천서사(輞川書舍)’, ‘망천서재(輞川書齋)’, ‘망천정사(輞川精舍)’, ‘망천서당(輞川書堂), 또는 그냥 ‘망천재(輞川齋)’로 붙일 수도 있겠다.

두 번째, 현재 행정 명칭인 ‘마애리(磨崖里)’를 활용한다면, 위와 동일하게 ‘마애서사’, ‘마애서재’, ‘마애정사’, ‘마애서당’으로 쓸 수도 있겠다.

세 번째는 현재 ‘도로명’으로 사용하는 ‘시우실’이나 그 한자어인 ‘철곡(鐵谷)’을 내세울 수도 있다. 철곡(鐵谷)에 ‘서사(書舍)’, ‘서재(書齋)’, ‘정사(精舍)’, ‘서당(書堂)’을 붙이는 건 무난한 것 같은데, 한글인 ‘시우실’에 한자어를 붙이면 좀 어색할 것도 같다. 하지만 가만히 생각해 보니 색다른 묘미가 느껴지기도 한다. ‘시우실 서재’, ‘시우실 서당’, ‘시우실 학교’, 또는 ‘시우실 학당’이나 ‘시우실 배움터’ 등등 다양한 명칭을 고려할 수 있을 것 같다.

집이 완성되면, 먼저 주변의 환경과 상황을 조금 더 살펴봐야 하리라. 그리고 내 인생 중후반의 공부를 고려하여 최종 명칭을 정해야겠다.

독일 기행 - 1일 차, 비행기에서 카셀까지

2023. 1. 4.

1월 4일부터 12일까지 큰딸이 유학 중인 독일로 간다. 2019년 12월 하순에서 2020년 1월 초까지 가족여행을 했으니, 꼭 3년 만이다. 이 기간 동안의 <교육철학잡기>는 간략한 기행 사실을 기록하는 「기행록(紀行錄)」으로 대신한다.

한국시간 1월 4일 09시 30분, 인천공항에서 독일 프랑크푸르트로 가는 비행기에 올랐다. 아시아나 항공, 비행기 안이다. 공항의 교통 사정상 이륙은 예정된 시간보다 조금 늦게 이뤄졌다. 이번 여행은, 애당초 큰딸이 요청했다. 12월 초 무렵, 관광도 하고 머리도 식힐 겸, 초청 아닌 초청을 했다. 물론 방학 때마다 딸이 귀국하지만, 이번 겨울은 대학원 입시로 귀국할 수 없는 처지라, 내가 독일로 가기로 했던 것이다.

이에, 여러 측면에서 나를 보좌해주는 진상훈 대표에게, 평소의 수고에 대해 위로해 줄 겸 시간이 되면 같이 가자고 했다. 비용은 내가 부담할 생각이었다. 그런데 이 과정에서 일이 조금 크게 되어 버렸다. 내가 독일로 잠시 나들이 다녀온다는 사실을 안 몇몇 제자들이 동행하고 싶다는 의사를 전해왔다. 독일에 여행을 가본 적이 없어 가능하다면 함께 독일문화 체험을 하고 싶다는 것이다. 나야 큰딸 집에 머물며, 딸과 단둘이 다니거나, 딸이 일정이 있으면 혼자 여기저기 구경할 것이니, 딸이 허용하면 좋다고 했다. 그래서 딸에게 연락하여 허락을 받고, 제자 서넛과 함께 여행길에 오르게 되었다.

대학원 제자이긴 하지만, 다들 40-50대이고 가정을 이루고 있으면서 자기 생활을 잘 조절하는, 더구나 박사과정을 수료하거나 이미 학위를 취득한 친구들이라 부담이 적었다. 오랫동안 현장 중심의 기행교육을 실천해 온 쏙쏙 체험 및 아레나 고등교육원을 운영 중인 진상훈 대표, 세명대학에 재직 중인 김규미 교수, 독서문화연구원의 김수미 대표, 그리고 아주 오랫동안 내 연구실 조교를 하며 나를 도와준 한지윤 박사가 동행했다. 상처(喪妻)한 내 처지를 헤아려 주고, 가족처럼 생각해준 이들이 참 고맙다. 특별히 해줄 것은 없으나 독일 현지에 도착하면 문화 탐방과 더불어 시원한 맥주나 한잔씩 돌려야겠다.

기내 안내 상황을 보니, 독일까지 거의 9,000여 킬로미터를 13시간가량 달려가야 한다. 8시간이 늦은 시차가 있기에 현지에 도착해도 여전히 1월 4일이고, 시간은 오후 4시 무렵이다. 안내방송이 끝난 후, 조금 뒤, 면세 물품 판매가 있었다. 예전에 가족여행을 즐길 때마다 시계나 지갑, 필기구, 주류, 초콜릿 등 필요한 물건을 수시로 구매했던 기억이 새롭다. 비싸지 않은 가격의 물품 하나에도 기뻐하던 가족들, 특히 아내의 모습이 그립다. 그것이 해외여행의 묘미였다. 이제는 특별한 경우를 제외하고, 굳이 기내에서 물품을 구입할 필요가 없다. 국내에서 생산되지 않는 물건도 대부분 인터넷으로 구입할 수 있으니, 기술문명의 위력이 어떠한지 짐작할 만하다.

기내식으로 쇠고기 쌈밥이 나왔다. 3년 만에 맛보는 기내식이라 마음이 설렌다. 레드 와인 한 잔을 곁들여 먹었다. 시장했던 탓인지 진수성찬을 받는 기분이었다. 기내 모니터에 보니 '고전 영화' 코너가 있었다. 20여 년 전에 나온 <챔프>라는 영화를 봤다. 그때도 감동의 눈물을 흘린 적이 있었는데, 여전히 심금(心琴)을 울린다. 챔프 빌리 역의 존 보이트, 티제이 역의 로키 슈나이드, 아내이자 엄마인 훼이 다

나웨이의 연기는 여전히 돋보였다. 탄탄한 시나리오도 감동을 더했다. 몇몇 대사가 뇌리에 남는다.

"자기 바지를 스스로 벗을 수 없으면 사내가 아니다! 인생에 성공 같은 건 없다! 챔프는 마지막에 성공한다!" 등등.

11,500여 미터, 영하 60도를 오르내리는 상공(上空)에서, 시속 780킬로미터를 돌진하는 로켓 추진기와 기류가 맞닿으며 내뱉는 소리의 울림, 먹먹해진 귀, 탁한 공기로 채워진 기내는 어두컴컴하다. 인간들 사이에 대화는 거의 없다. '부우웅'하는 비행기 로켓추진 소리 이외에는 조용하다. 아니, 삭막하다. 비행기 여행이 던지는 메시지가 이런 것일까? 착륙(着陸) 후에야, 천상(天上)의 낙원(樂園)으로 상상한 기내에 머물렀던 시간들이, 지상(地上)의 낙원을 향한 수행(修行)의 시간이었음을 깨달을 것이다. 창밖은 눈부신 태양을 떠받들 듯이 버티고 있는 창공(蒼空), 그 아래엔 하얀 구름바다가 갖가지 모습으로 두루 펴져 있다. 아름답다고 상상한 미지의 허공, 인간의 눈에 비치는 천상의 현상이 그러하다.

간간이 기류(氣流)에 기체(機體)가 흔들린다. 비행기가 허공을 기웃거리는 건가? 자연의 기운이 점잖게 비행기를 에스코트 하는 건가? 순풍에 돛을 달듯, 비행기 날개도 기류를 타고 속도를 낸다. 도착지까지 아직도 8시간이나 남았다.

조금 있다가, 한국시간으로 저녁 6시 무렵, 저녁 식사로 해물덮밥이 나왔다. 화이트 와인 한잔을 곁들였다. 기내 특유의 소리에 고요하게 오목 게임도 하고, 다시, 최민식과 심은경이 주연을 맡은 <특별시민>을 비롯하여 영화 두어 편을 보았다. 또 조금 시간이 지난 후에 올리브유 토마토 피자 한 조각이 간식으로 나왔다, 몇 달 만에 콜라 한잔을 곁들여 맛나게 먹었다.

인천공항에서 출발한 지 12시간 30분 정도 지났고, 이제 도착 1시간 30분 전이다. 지도를 보니, 헝가리 부다페스트, 자그레브, 비엔나 등의 도시가 보인다. 동유럽의 어느 상공을 지나고 있는 것 같다. 비행고도(飛行高度) 12,190미터, 비행속도(飛行速度) 시속 830킬로, 바깥 온도(溫度) −60도를 가리키고, 프랑크푸르트 도착 예정 시각은 1월 4일 오후 4시쯤으로 안내되고 있다.

함께 있을 때는 크게 느끼지 못했으나 유학을 보내놓고 보니, 큰딸을 만나러 가는 길이 이렇게 멀다! 카카오톡 화상통화야 수시로 하지만, 지난 7월에 잠깐 귀국했다 출국했으니, 몇 시간 후면 5~6개월 만에 만난다. 아무리 먼 길이어도, 자식을 만나는 기쁨은 말로 형언하기 힘들다. 건강하게 열심히 공부하고 있으니, 더욱 그러하다.

독일 입국 수속을 마치고 나오니 벌써 5시, 어둠이 깔리고 있다. 흐린 날씨다. 마중 나온 기사 겸 가이드는 한국에서 투자 이민을 와서, 프랑크푸르트에서 여행 관련 사업을 하고 있단다. 이런저런 얘기를 주고받는 동안, 한국의 겨울은 삼한사온(三寒四溫)으로 표현하지만, 독일은 3일은 흐리거나 비가 오고 1일은 맑은 날이란다. 벤을 타고 아우토반을 2시간가량 달려 카셀에 도착했다. 저녁 7시쯤, 카셀역 앞에 있는 '인터씨티(intercity)' 호텔에 도착했다.

큰딸이 기다리고 있었다. 이번 여행의 인솔자 겸 가이드다. 어느새 26세, 숙녀가 된 딸을 살포시 안아주고 호텔 안으로 들어섰다. 3년 전, 그러니까, 2019년 말~2020년 초, 가족여행을 왔을 때 아내와 머물렀던 곳이다. 두 딸은 카셀 시내에 거주하던 큰딸의 원룸에서 잤고, 아내와 나는 여기에서 2~3일을 머물렀다. 당시 날씨가 꽤 쌀쌀하여, 호텔 방에서 밤새 떨면서도 즐거운 비명을 질렀던 기억이 새롭다. 아무리 라디에이터를 세게 틀어놔도 방안의 온기를 높이는 데는 한계가 있었다. 한국의 온돌이나 보일러 문화가 얼마나 위대하고 고마운지를 비교해 볼 수 있는 시간이었다. 카셀 중앙역 내에 있던 빵집도 그대로다. 아내와 아침마다 산책을 했다. 아침마다 호텔 조식 대신 독일식 빵과 커피, 샌드위치, 생과일주스 등을 즐기며 문화 체험을 하던, 그 시공간이 그립다. 이제는 영원히 그런 시공간을 가질 수 없다! 아내가 많이 보고 싶다. 이 시공간에서 만큼은 인생이 좀 서글프다.

짐을 방에 풀어 놓고, 트램(Tram: 노면 전차)을 타고 카셀 시내의 식당으로 향했다. 시청 옆의 한 식당에 도착해보니 저녁 식사를 즐기는 현지인들로 가득했다. '밀' 맥주 몇 잔과 식사 겸 안주 대용 음식 서너 가지를 주문했다. 피자와 비슷하게 생겼으나 순 밀가루로 만들어 구운 빵, 쇠고기 스테이크 비슷한 것에 찐 양파와 감자튀김, 돈가스 비슷한 것 등 현지 음식으로 배불리 먹었다. 그렇게, 독일 밤거리를 즐기며, 피곤과 함께 깊어 가는 도착한 날의 일상을 접는다.

독일 기행 - 2일 차, 카셀에서 하노버로

2023. 1. 5.

독일 기행 2일째, 인터시티호텔 213호에서 묵었다. 어젯밤에는 10시가 조금 지난 시간에 눈을 붙였으나 새벽 1시쯤 깼다. 옆에는 진상훈 대표가 자고 있다. 좀 피곤했는지 약간씩 코를 골기도 하고, 큰 뒤척임 없이 곤히 잔다. 특별히 할 일도 없어, 인터넷 뉴스 검색, 유튜브 등등을 뒤적거리다 다시 잠을 청했다.

새벽 4시 30분경, 창밖을 보니, 카셀 기차역에 불이 훤하다. 첫 트램이 도착했다. 역내 카페도 열려 있다. 3년 전 이 시간에는 아내와 저 카페를 오가며 즐겼는데, 오늘은 아내를 마음에 담고, 혼자 창문을 내다본다.

5시 30분쯤, 호텔 복도를 서성대다 밖으로 나와 봤다. 가늘게 비가 뿌리다 갰다 한다. 영상 10도를 오르내리는 기온이라 봄이나 가을 날씨처럼 따스하게 느껴진다. 한국의 날씨가 영하 10도를 오르내리다 보니, 그에 적응되어서일까? 오히려 시원한 기후다. 호텔 계단을 내려가는 벽면의 문구가 의미심장하다.

"go! go! go! Every journey begins with a single step!"

우리말로 의역하면, '가자! 가자! 가자! 모든 여행은 홀로 한 걸음씩 떼는 데서 시작한다!' 기행의 열정과 즐거움을 북돋우는, 재미난 글귀다. 이 호텔에 머무는 사람들에게, 포근함을 느끼게 만드는, 여행에 동기를 부여하는 슬로건이다.

오전에 트램과 버스를 번갈아 타고, '빌헬름 헤라클레스' 성으로 향했다. 공기가 시원했다. 뿐만 아니라 카셀을 지배하며 도시를 건설했던 그들의 포부가 웅장하게 들려오는 듯하다.

점심 무렵, 재래시장을 들렀다. 시장은 야외에도 있고 실내에도 있다. 야외에서는 농부가 직접 재배한 야채가 다양하게 펼쳐져 있다. 농부들이 나름대로 야채와 과일에 대해 설명을 하지만, 제대로 알아듣지 못하고, 딸이 알려주는 대로 대충 의미를 이해했다. 점심을 먹고 나오니 야외 시장은 이미 끝나 있었다. 아마, 농부들은 시골에서 자신이 재배한 유기농 먹거리를 현지 도시인들에게 제공한다는 자부심이 있었을 것이고, 도시인들은 질 좋은 농산품을 기다리고 있다가 바로 사 가는 듯하다.

실내에도 농축산물이 진열되어 있고, 곁에는 음식을 파는 가게들이 즐비하다. 한국의 재래시장 안에 있는 음식점들과 유사하다. 현지인들이 대부분 이용하는 시민들의 시장 음식점 같았다. 소시지, 햄, 육류, 말린 과일, 각종 양념 등, 볼거리가 상당했다. 시장을 한 바퀴 돌고, 점심을 먹으려고 여기저기 기웃거렸다. 독일인들은 어떤 것을 주로 주문하는지 구경하기도 했다. 사람마다 다르긴 하지만, '딱딱한 빵'이 늘 따라다니는 듯하다. 우리의 '밥'처럼 말이다. 음식이 조금 많이 진열된 한 가게 앞에서 머뭇거렸다. 가만히 보니 음식을 파는 곳과 먹는 곳이 분리되어 있었다. 음식을 파는 가게는 음식만 판다. 먹는 곳은 따로 있다. 음식 가게 바로 옆에 식탁을 갖춘 가게다. 큰딸은 독일식 음식만을 주문하여 우리에게 문화 체험을 만끽할 수 있게 배려해 주었다. 어떤 음식은 입맛에 맞고 어떤 음식은 영 먹기가 힘든 것도 있었다. 그래도 체험한다는 자체가 행복이다. 또 맛나게 먹었다.

오후에는 카셀대학 도서관과 그 뒤에 있는 <그림 형제 기념관>으로 향했다. 카셀대학 도서관에는 수백 년이 넘은 고서(古書)가 가득했고, 누구나 이용할 수 있게 개방하고 있었다. 도서관 내부를 둘러보며, 그 고요함의 역동성과 지식의 향연에 엄숙함이 더해졌다. 한국의 대학들도 그랬으면 좋겠다. 내가 수십 년 전부터 강조해 왔지만, 모든 시민에게 개방하여 시민의식을 높일 수 있는, 교육문화를 선도하는 공간, 그런 대학 도서관이기를, 다시 소망한다. 내 나름대로는 대학교수로 재직하면서, 공부와 연구를 조금 했다고 생각해 왔는데, 카셀이라는 조그만 도시의 대학 도서관 한 켠에 서서, '학자로서 나는 도대체 뭔가?'라는 회의가 밀려왔다. 개방된 이런 도서관에서, 고서(古書) 하나 제대로 보았는가? 부끄러움과 놀라움이 중첩되면서, 지적 반성의 열기가 더해졌다. 아! 대학 도서관을 운영하는 방식 하나만 보아도, 독일인의 시민성을 따라가기에는, 한국의 대학 문화가 여러 측면에서 미흡한 것이 아닌가? 그런 생각에 기분이 푹 가라앉았다.

도서관을 견학하고, 그 뒤쪽에 자리한 <그림 형제 기념관>으로 향했다. 그 앞쪽에는 헤센 주 박물관이 있지만, 하노버로 가야 하는 일정 때문에 관람하지 못했다. 물론, 나는 3년 전에 이 박물관에서 한나절 동안 전시 문물을 관람하고 충격에 빠진 적이 있었다. 예전에 왔을 때는, 추운 날씨에 목도리를 겹으로 두르고, 박물관을 배경으로 가족사진을 찍었다. 그것이 마지막 가족사진이 되었고, 지금 집의 벽에 걸려 있다. 이번에는 아쉽지만, 그림 형제 기념관을 둘러 보기로 했다.

잘 알다시피, 그림 형제는 야콥 그림(Jakob Grimm, 1785~1863)과 빌헬름 그림(Wilhelm Grimm, 1786~1859)을 말한다. 그들은 독일의 언

어학자이자 문헌학자로 전 세계적으로 유명하다. 5남 1녀의 형제들 가운데 가장 각별하게 지냈던 이들은 아버지가 세상을 떠난 후 카셀로 이주했다. 1806년 나폴레옹이 독일을 침입하자 그림 형제는 조국의 해방과 통일, 주권 확립을 위해 고민했다. 형제는 다양하고 이질적인 독일 민족을 정치적으로 통일시키는 방법으로 고대 독일의 구전(口傳) 민간 설화를 수집했다. 민담과 동화, 문헌학 속에 나타난 이상적인 고대 독일의 모습을 환기하며, 과거 통일 국가였던 독일이 이념이나 정서상 다시 합일되기를 희망했다. 그렇게 형제는 약 13년 동안 자료를 수집한 끝에, 1812년 『어린이와 가정을 위한 동화』 1권을 완성했다. 1814년에는 2권을 발표했고, 1822년에는 그 『주해서』도 출간했다. 형제는 '동화' 외에도 『독일 전설』, 『독일 신화』, 『독일어 문법』, 『독일어 역사』 등 독일인의 사유의 원형이 되는 저서를 내놓았다. 특히, 1854년에 제1권이 출간된 『독일어 사전』은 여러 학자가 계승하여 1961년까지 계속 편찬되었다. 형제의 전문 분야였던 언어학 영역에서는 형인 야콥이 큰 업적을 남겼고, 그림 형제의 명성을 세계적으로 높인 '동화'를 만드는 데는 동생 빌헬름이 보다 큰 역할을 했다. 그림 형제 기념관을 중심으로 조금 떨어진 곳에 그림 형제 동상이 있다. 그리고 그 아래쪽 동네 성당 옆에 그림 형제의 어머니와 친인척의 묘지가 조성되어 있다. 뒤쪽으로는 조용하면서도 아늑한 시가지가 펼쳐졌다. 큰딸이 말했다. "이곳이 이른바 '부자 동네', 서울 강남 같은 곳이에요!"

오후 늦게 하노버로 향했다. 기차로 1시간 30분 정도의 시간이 소요되었다. 차창 밖으로 쫙 펼쳐진 들판, 드문드문 서 있는 마을, 곳곳에 조성된 숲이 신선함을 자아냈다. 나무들이 아름답다고 느껴졌다. 하노버역 앞, 인터시티호텔에 짐을 놓고 시내 구경을 나섰다. 비가 부슬부슬 내리긴 했지만, 물 만난 물고기처럼 여기저기를 휘저어 다녔다.

한 곳을 지나다 보니, 본격적인 크리스마스 마켓 축제는 끝이 났으나 아직도 남은 축제의 장에서 불빛이 새어 나오고 있었다. 내일 이 축제 건물도 해체한다고 하니 운이 좋았다. 그곳에서 진상훈 대표와 뱅쇼(Vin Chaud) 한 잔을 마셨다. 프랑스어로 뱅(Vin)은 '와인'이고 '쇼(Chaud)'는 '따뜻하다'는 뜻이다. 그 두 단어가 합쳐져 '따뜻한 와인'이라는 의미가 되었고, 추운 북유럽 지역에서 감기 예방 및 기력 회복을 위해 마시는 음료로 인기가 있었다. 마침, 감기 기운도 있고 몸도 조금 떨리고 해서 마셨더니 한결 기분이 좋아졌다.

앞쪽으로 내려오니 대형 서점이 보인다. 여기저기 둘러보다가 '철학'과 '교육학' 코너에 서성거렸다. 독일이라는 나라답게, 마르크스의 『자본론』이 제일 잘 보이는 곳에 진열되어 있고, 눈에 확 들어왔다. 교육철학자인 나로서는 칸트의 교육학을 찾았으나 보이지 않았다. 대신, 『미니 철학(Mini Philosophy)』과 『공자(Konfuzius)』 두 권을 샀다. 나중에 연구할 때 참고할 만한 내용이 담겨 있었다.

독일 기행 – 3일 차, 하노버에서 함부르크까지

2023. 1. 6.

독일시간으로 새벽 6시, 하노버역 앞으로 산책을 나갔다. 무슨 새소리가 우렁차다. 가만히 보니 까마귀 갈기도 하고, 어쨌건 나무와 건물 지붕 위 여기저기를 날아다니며 '꽤에 꽥!'거린다. 공기가 시원하다.

5년 전, 큰딸이 고등학교를 마치고 처음으로 어학연수 겸 유학을 와서, 도착한 바로 그 역이다. 지금이야 대학을 졸업했으니 조금 덜 하겠지만, 당시에는 고등학교를 갓 졸업한, 성년 문턱에 들어선 20살 여학생 아니었던가! 부모 형제 그 누구도 동행하지 않고, 혼자서 낯선 외국 생활을 헤쳐나가야 했던, 그 두려움과 호기심이 어떠했겠는가! 당연히 애비로서 미안한 마음이다. 하지만 외국 유학을 오랫동안 했던 아내와 나는 유학 문제를 상의하며, 당당하게 혼자 갈 수 있도록 배려 아닌 배려를 했다. 그것이 부모로서의 교육철학이었다. 자신의 길을 꿋꿋하게 나아갈 수 있도록 학업의 길을 열어주고 보장해 주는 일! 그것뿐이었다. 고독한 자기 결정! 어쩌면 그런 삶의 의미를 조금이라도 빨리 맛보게 하려는 의도적 작전이었다. 5년 전, 유학을 보낼 때의 마음이 오버 랩 되면서, 신선한 아침 기운을 맞이 했다.

하노버(Hanover)는 독일 북부 '니더작센'주의 주도다. 1692년 하노버 공작 에른스트 아우구스트(Ernst August)가 선제후가 되면서 하노버 선제후국으로 불리게 된다. 1714년, 하노버 선제후 게오르크 1세(게오르크 폰 하노버)가 조지 1세로서 영국의 왕이 되어 영국과 동군연합이 되었다. 영국은 조지 1세부터 빅토리아 여왕까지를 하노버 왕조로 부른다. 현재의 찰스 3세도 하노버 왕가의 후손이다.

영국과 독일의 왕조 가운데 하나이자 인도 역사상 유일하게 인도 전역을 통일한 왕조다. 다시 말하면, 하노버 선제후 가문에서 영국 왕위를 획득하고 선제후령이 승격하여 하노버 왕국을 지배했다. 20세기 초반에는 독일 제국 내 브라운슈바이크 공작령까지 차지한 적이 있다. 빅토리아 여왕 이후 부군 앨버트 공의 가문인 작센 코부르크고타 왕조로 교체되고, 엘리자베스 2세 이후 부군 필립 마운트배튼의 글뤽스부르크 왕조로 생물학적으로 교체되었지만, 현재 영국 왕실인 윈저 왕조는 하노버 왕조의 방계 후손이다. 거기에다 하노버 왕조 당주인 에른스트 아우구스트 3세가 빅토리아 여왕과 앨버트 공의 외증손녀와 결혼했다. 이런 유서 깊은 역사답게, 에른스트 아우구스트(Ernst August)의 말을 탄 동상이 하노버역 앞에 우뚝 서 있다.

아침은 9시 무렵, 하노버역에서 샌드위치와 커피로 아침 식사를 즐겼다. 사실, 나는 딱딱하고 달지 않은 독일 빵이 취향에 맞다. 큰딸이 귀국할 때마다 딱딱한 빵과자를 사오라고 주문하기도 하고, 국내에서도 빵집에서는 바게트와 같은 상대적으로 딱딱하고 거친 통밀빵을 선호한다. 함께 한 제자들은 한국식 빵집의 부드럽고 달콤한 빵에 익숙해서 그런지, 딱딱한 빵도 즐기지만, 약간은 부드럽게 느껴지는 다양한 모양의 빵을 고르기도 했다.

오전 10시에 하노버시 청사를 향했다. 10여 분을 걸어가는 동안, 하노버의 궁중 고문이자 도서관장으로 활동했던, 이 지역이 자랑하는 '라이프니츠(Leibniz, Gottfried Wilhelm, 1646~1716)' 조각상을 만났다. 라이프니츠는 뉴턴과 쌍벽을 이룬 미적분학을 창안한 철학자이자 수학자이다. 2진법을 고안하여 사칙연산이 가능한 기계식 계산기를 발명하였다. 오늘날 컴퓨터의 모체인 전산학의 시초가 되는 인물이다. 독일 계몽철학의 서장을 연 철학자로 객관적 관념론의 입장을 지니고 있다. 물리학에서는 에너지 보존의 법칙을 예견했고, 지질학, 생물학, 역사학에 대해서도 관심이 많았다. 그의 철학을 간략하게 말하면, '단자(單子: monad)' 이론으로 대변되기도 한다. 세계는 무수히 많은 단일불가분(單一不可分)의 실체로 되어 있다. 즉 능동적 힘의 단위로서 자신 속에 전(全) 우주를 표상하는 '우주의 거울', 모나드(monad)로 구성된다. 그 표상력이 던지는 명암의 정도 차이가 무기적 자연에서 신에 이르기까지 물(物)과 심(心)의 차(差)를 연속적으로 만들어 낸다. 이것이 '예정조화(豫定調和)'로 이어진다.

제각기 독립적이고 서로 관계가 없는, 즉 '창이 없는' 모나드를 서로 관련짓고 세계의 통일을 형성하는 작업은, 신에 의한 '예정조화'다. 이 세계는 신의 예정조화이며 최선의 질서를 얻고 있다!

라이프니츠의 철학은 신과 자연, 목적론과 기계론, 정신과 물질, 선과 악 등을 조화하고 화합하는 관점에서 통합을 시도한다. 그것은 당시 독일의 봉건제와 서서히 자라나던 자본제와의 사상적 조정으로 이해할 수도 있고, 이후 독일 고전철학의 변증법을 준비한 것으로 평가받는다. 이런 인물이 활동했던 지역에서, 그의 기념 동상을 만났다는 사실이, 기행을 통해 사유의 성장을 맛볼 수 있는 계기다.

조금 더 지나자 의미 있는 교회가 나타났다. <성 에기딘(St Ägidien)> 교회! 2차 대전 때 폭격으로 불에 타서 검게 그을리고, 지붕도 없이 이제는 벽체만 남아 있었다. 건물 벽 안으로 들어가니 일본(日本)이 만들어준 '평화의 종(平和の鍾)'이 눈에 들어왔다. 예배당의 앞쪽인지 뒤쪽인지 분명하지는 않으나 큰 십자가 앞에 새겨진 '우리

들의 죽음'이라는 글씨가 인상적이었다.

그들은 이렇게 역사의 교훈을 드리우고 있었다. 그것이 긍정적이건 부정적이건, 자랑스러운 일이건 수치스러운 일이건, 그대로 남겨두고, 박물관처럼, 교육적 의미를 부여하는, 저 당당함 속에 교육의 힘이 어떤 것인지 새삼 느껴졌다. 일제 강점기의 역사를 '청산(淸算)'하고 '역사바로세우기'를 주창하며, 일제의 강점기의 심장이었던 조선총독부의 건물을 철거하고, 광화문 경복궁을 복원하는 우리와는 사뭇 다른 관점이었다. 건물을 철거하여 없앤다고 역사가 청산되는가! 사실(史實; 事實)을 왜곡한 역사는 바로 잡아야 하는 것이 분명하다. 하지만, 왜곡 없이 있는 그대로의 역사적 사실을, 내 감정상, 수치스러운 일이라고, 지워버리고 싶다고, 그것이 사라지는가! 있는 그대로의 사실은 있는 그대로 두고, 그에 관한 다양한 해석과 비판 정신을 발동하여 미래를 열어 가면 그만이다. 내가 늘 얘기했지만, 광화문 조선총독부 건물을 그대로 두었어야 했다. 역사의 교훈으로 삼기 위해서는 있는 그대로의 실체를 보고, 철저하게 비판하는 정신과 실천이 더욱 필요하리라.

하노버 시청사를 보면서 다시 감탄사를 연발했다. 100년이 넘은 청사 건물이 박물관 같기도 하고, 왕궁 같기도 했다. 무엇보다도 예술적 미학과 중세 유럽풍의 디자인이 시야를 사로잡았다. 그 뒤편에는 인공 호수가 만들어져 있었다. 호수 주변의 공원에는 누구나 들어갈 수 있도록 완전히 개방되어 있었다. 다만, 호수를 더럽히거나 공원에서의 휴식에 방해를 주는 '공놀이'나 '수영', '낚시', '텐트', '오리 먹이 주기', '소변', '취사' 등이 금지되어 있었다. 허용된 것은 쓰레기 정돈, 반려견 출입 두 가지 밖에 없었다. 시민들은 이곳에서 조깅과 자전거를 즐기고, 풀밭을 산책하며 사색에 잠겼을 것으로 추측되었다.

그 맞은편에 <아우구스트 박물관>이 있었다. 박물관에서는 자연사 박물관을 중심으로 지역의 역사가 실감 나게 전시되어 있었다. 선사 시대부터 현대까지의 자연과 인간의 삶, 특히, 실제로 살아 있는 새와 뱀, 이구아나, 개구리, 물고기, 나비 등 숲과 늪, 바다와 강을 축소한 생태환경이 학생들에게 산 교육장으로 제공되고 있었다. 흐리고 비가 부슬부슬 오는데도, 학생들이 현장 학습을 왔는지, 박물관 안팎이 시끌벅적하다. 인류의 보편적 문명이 어떠한지 생각할 여유가 있었다.

박물관을 나와 다시 시내로 걸어 나왔다. 점심은 하노버에서 꽤 이름이 있다는 중국식 식당으로 갔다. 큰딸이 자기 생활을 경험으로 나름대로 우리를 배려했다. 독일에 도착해서 빵을 중심으로 먹은 지도 며칠이 지났고, 배가 고프기도 하고, 무엇보다도 '쌀밥'을 먹을 수 있다는 생각에서인지, 빨리 걸어오다 보니, 12시 이전에 도착했다. 딤섬(Dimsom: 點心)을 중심으로 중국요리를 제공하는 식당이었다. 우리 일행 모두가 식당 간판만 보고도, 침을 꼴깍하며 흥분되었다. 기대에 가득 찼다.

그런데 문이 잠겨 있었다. 영업을 안 하는 것은 아니고, 12시에 문을 연다고 적혀 있었다. 조금 빨리 열어줄까 기대하며 문 앞으로 서성거렸지만, 꼼짝하지 않았다. 주변의 야채 가게와 잡화점 등을 기웃거리다가 12시 정각이 되니, 문이 열렸다. 이런 것이 독일인들의 시간관념일까? 아니면 합리성일까? 약속에 관한 정확성, 일종의 신념처럼 느껴지기도 했다. 며칠 동안 독일 문화 체험을 한답시고, 빵과 커피 등등에 젖어 있던 만큼, 한국 요리와 유사한 밥과 국, 야채 볶음, 교자, 만두 등등은 우리를 실망시키지 않았다. 음식점 내의 글귀가 또 구미를 당겼다. '미도(味道)-혀끝에서 녹아드는 참 맛!' 칭다오 맥주도 한잔씩 마시면서, 매우 만족스런 점심 식사를 마쳤다.

배부른 후의 나태함이 밀려오는지, 잠시 멍청한 모습으로 시내를 걸었다. 오후엔 그냥 시내 길거리 구경에 몰두했다. 그러다 사람이 북적대는 한 카페를 발견했다. 대부분 독일 현지인들이었다. 안으로 들어서니, 벽난로가 보이고, 다양한 부류의 사람들이 다양한 음식을 즐기고 있었다. 커피보다는 독일식 차를 즐기기로 했다. '생강'이나 '유자'가 들어간 차, '사누비사' 잎이라고 하는데, 한국의 '박하' 잎과 유사했다. 차 원료의 대부분인 허브의 일종이었다. 그리고 어떤 차는 꿀이 더해졌다.

이렇게 하노버의 카페에서 한 시간가량 그들의 카페 문화를 느껴보았다. 겉보기에는 한국의 카페 문화와 큰 차이는 없는 것 같았다. 하지만 매우 중요한 사실 하나가 있었다. 한국처럼 손님의 필요에 의해 종업원을 함부로 불러서는 안 된다는 것이었다. 그렇게 시도하려다, 큰딸에게 교육 아닌 교육을 받기도 했다.

독일 음식점에서 종업원들은 제각기 자기가 맡은 테이블이 있다. 손님과 눈이 마주치면 주문을 해야 한다. 내가 먹고 싶다고 종업원을 수시로 불러 주문하는 것은 결례다. 종업원은 주문을 모두 확인한 후 음식을 가져왔다. 음식을 모두 먹은 후 계산도 마찬가지다. 내 멋대로 나가면서 계산하는 것이 아니었다. 눈이 마주치며 식사가 끝났음을 확인해야 응대한다. 우리는 이런 이해하기 힘든 상황에 수군거리기도 했다. "아니, 돈을 준다는데도 안 오네! 허허" 종업원은 우리가 음식을 어느 정도 먹었는지, 이제 본격적으로 담소를 시작하며 먹기 시작하는 건지, 식사의 전 과정을, 손님 중심으로, 손님이 편안하게 음식을 즐기며 모임을 제대로 마칠 시간이 되어 가는지, 세심하게 배려하는 것 같았다. 내 눈에 그렇게 비쳤다. 손님이 많을 경우, 우리는 어떤가? 다른 손님을 받으려고, 빨리 나가주기를 바라며 마구 눈치 줄 때가 한 두 번이 아니지 않는가! 때로는 손님이 알아서 먼저 나가주기도 하고, 독일은 그런 문화가 아니었다. '손님은 왕이다!'라는 식은 아니지만, '손님이 편안하게 음식을 즐길 권리가 있다!'라는 말은 되는 것 같았다. 사람들에게 불편을 주지 않으려는 의식적 절차가 일상의 습관으로 몸에 밴 사람들이었다.

3시 20분 기차로 하노버를 출발했다. 1시간 30분 정도를 달려 5시 무렵에 함부르크에 도착했다. 함부르크는 독일 제2의 도시란다. 한국으로 비유하면 부산과 같다. 5시인데 벌써 저녁의 어둠이 짙게 내린다. 한국보다 빨리 어둠이 깔리는 듯했다. 호텔에 짐을 풀고, 시내로 나섰다. 함부르크에서 3일을 묵어야 하므로, 각자 장기 숙박(?)에 대비하기로 했다. 각자 필요한 물건도 사고, 약간의 여유를 갖고 즐기기로 했다.

먼저 주변에 있는 '아시아 마켓'으로 달려갔다. 정말 국제화 시대를 실감한다. 아시아 마켓은 한국의 상품을 비롯하여 중국, 일본, 아시아 각국의 다양한 상품들이 진열되어 있었다. 한국 상품으로만 보면, 한국의 동네 슈퍼와 다를 바 없었다. 예전에 왔을 때도 확인했지만, 독일 유학 내내 수시로 집에서 음식을 조리해서 먹는 큰딸이 아시아 마켓을 자주 이용하는 이유를 알 만하다. 아시아 마켓의 상품은, 독일에서 생활하지만 한국과 거의 동일하게 요리를 해 먹을 수 있는 든든한 우군이다. 그만큼 행복감과 그리움을 교차시키는 지점 역할을 하기 때문이다. 제자들은 과일이나 컵라면 등을 샀다. 마치 전쟁이라도 난

듯이, 이재민이나 난민들이 구호품을 챙기는 것처럼 말이다. 나는 평소 즐겨 먹던 '낫또(なっとう: 納豆)'를 구입했다. 세 개가 한 묶음이어서, 하루에 하나씩 먹으면 될 것 같았다.

구호 물품을 호텔 방에 모셔놓고, 현지식 저녁 먹을 궁리를 했다. 호텔 주변에서 식당을 배회하다가 재미있는 간판을 발견했다. 모두가 환호성을 질렀다. 선명한 한국어로 '친구'라는 음식점 표시가 눈에 확 띄었다. '친구'와 병기한 영어는 'Korean fried chicken'이었다. 한국으로 비유하면 프라이드 치킨을 주요 메뉴로 영업하는 생맥주집이다. 하지만, 안으로 들어서니 한국 음식을 파는 식당이었다. 한국 사람보다는 외국 사람이 더 많았다. 메뉴는 가지가지다. 프리이드치킨을 중심으로, 김치찌개, 된장찌개, 계란말이, 파전 등등 안주가 다양하다. 주류도 소주, 맥주, 막걸리 등도 있고 심지어 소주와 맥주를 혼합하여 마시는 '소맥'도 있다. 참 재미나다.

그런데 음식점 주인이나 종업원은 한국인인 아니라 베트남인이었다. 이것도 '한류(韓流)' 탓일까? 음식 맛은 영 아니었다. 한국식 흉내를 내기는 했으나 여러모로 미비했다. 그래도 독일 함부르크에서 이게 어딘가! 한국에서 가져온 막걸리, 그리고 현지에서 끓인 김치찌개를, 치킨과 더불어 정말 맛있게 먹었다.

함부르크에 거주하는 딸은 집으로 갔다. 딸이 사는 곳에 가서 자고 오고 싶었으나 여러 사람이 공동 거주하는 주택인지라, 그냥 호텔에서 자기로 했다. 피곤했는지, 저녁을 먹고 들어오자 마자, 7시 조금 지나서 취침에 들었다.

독일 기행 – 4일 차, 함부르크 첫날

2023. 1. 7.

어젯밤 일찍 취침해서인지 새벽 3시 무렵에 깼다. 호텔 창밖을 보니, 희미한 불빛 사이로 잔뜩 흐린 날씨에 약간의 비도 오는 것 같다. 기온은 10도 정도다. 인터넷 뉴스와 유튜브 등을 검색하며 몇 시간을 뒤척이다가, 아침 8시 30분 경, 연어와 계란, 그리고 야채가 들어 있는 샌드위치와 카푸치노 커피 한 잔으로 아침을 해결했다.

어제 저녁에 헤어질 때, 내일은 피곤할 테니, 오전은 조금 여유 있는 시간을 가지라는 인솔 가이드(큰딸)의 명령 아닌 명령이 있었다. 사실은 큰딸이 오전에 대학원 입시 레슨을 받고 와야 하기 때문에 2시까지는 자유 시간이었다. 2시 무렵 함부르크 시청사 앞에서 만나기로 했다. 대학원 입시 기간임에도 불구하고, 애비가 온다니까 가이드를 자청했다. 미안한 마음이 앞선다. 그래도 자기 시간을 조절하며 현지인으로서 의미 있는 안내를 해주니, 고마울 따름이다.

어제 내렸던 함부르크 중앙역을 어슬렁거리며, 이곳저곳을 보며 산책을 즐겼다. 수많은 인파가 오고 가는 모습은 우리의 서울역이나 부산역과 다름없다. 시청사로 가는 시내를 지나다, 커피 전문점인 '스타벅스'를 발견했다. 아주 오래된 고가(古家)를 임대하여 가게를 차린 것 같았다. 2층은 미니 공연장인지, 조명 시설도 갖추어져 있고, 조그마한 무대에는 피아노도 한 대 놓여 있었다. 독일인인지 여행객인지 모르겠으나 외국인 몇 명이 책을 읽기도 하고 노트북으로 작업을 하기도 하고, 차도 마시기도 하고, 자유롭게 노닐고 있었다. 마침, 아르

바이트를 하는 종업인이 한국 사람이었다. 이국땅에서 한국인을 만나니 약간은 포근하기도 했고, 반갑기도 했다.

화장실을 가려다 재미있는 사실을 확인했다. 모든 가게는 아니지만, 여기를 비롯하여 상당수의 카페나 음식점에, 화장실은 가게의 한쪽이 아니라, 아예 지하(地下)에 있었다. 가게에서 한 층을 내려가야 했다. 어떤 곳은 유료였다. 현금이 없을 경우, 불편도 감수해야 한다. 0.5유로나 1유로 정도의 잔돈이 필요한 때도 꽤 있었다.

건물 바깥으로 나오니, 야외에도 카페가 꾸며져 있었다. 흡연자를 위한 배려 같기도 했다. 그 앞에 오래된 사자상과 부부를 상징하는 동상이 있고, 고가(古家)의 역사를 지시하는 글귀가 새겨져 있었다. 자세히는 모르겠으나, 1914~1926년, 약 100여 년 전에 이 건물에 거주했던 지역의 저명한 인사가 함부르크시에 기부를 한 주택으로 보였다.

10분쯤 걸어서 시청 앞쪽의 <성 베드로 주교좌(主教座) 성당(Hauptkirche St. Petri)>에 도착했다. <성 베드로(St. Peter's)> 교회는 세속적인 도시를 건설하는 과정에서 세속 도시에서 가장 오래된 교구 교회다. 그 역사는 1195년으로 거슬러 올라간다. 이 교회는 14세기에 신축되어 15세기에 증축되었으며, 1842년 대화재로 소실되었다가 1844~49년에 재건되었다고 한다. 그러니까 재건 후, 170여 년이 지난 문화재다. 의미심장한 곳이다.

예전에 왔을 때는 자세히 보지 않고 겉모습만 보았다. 이번에는 교회 안으로 들어가 여기저기 자세히 살펴보았다. 소박한 예배당에 몇몇 사람들이 개인적으로 찾아 와 기도를 하고 있었다. 벽면에는 '성모 마리아와 예수' 상을 비롯한 조각상과 성서를 들고 있는 종교개혁가 마르틴 루터의 초상도 있었다. 무엇보다도 벽에 걸린 「기도문」이 인상 깊었다. 완벽하지는 않지만, 큰딸의 도움을 받아 번역해 보니 다음과 같은 내용이었다.

"주님!
저를 당신이 원하는 평화의 도구로 삼아 주소서!
저는 사람들이 서로 미워하는 곳에서 사랑을 실천합니다.
저는 사람들이 자기에게 상처를 입히게 하는 곳을 용서합니다.
다툼이 있는 곳으로 달려갑니다.
제가 진실을 말하고 있는 곳에는 거짓이 횡행합니다.
제가 믿음을 가져다주는 곳에 의심의 압박이,
제가 희망을 키우는 곳에 절망의 고통이 자리합니다.
어둠이 지배하는 곳에 제가 빛을 비추고,
슬픔이 머무는 곳에 제가 기쁨을 가져다준다는 것을,
주여! 제가 구하게 하소서!
그것은
제가 위로를 받는 것이 아니라 다른 사람을 위로하는 일입니다.
제가 이해받는 것이 아니라 다른 사람을 이해하는 일입니다.
제가 사랑받는 것이 아니라 다른 사람을 사랑하는 일입니다.
베푸는 사람은 받게 마련입니다. 베푸는 자신을 잊는 사람이 오히려 찾습니다.
용서하는 사람은 용서받고,
죽은 사람은 영생으로 깨어납니다."

기독교 신앙의 염원을 담은 소망이자 기도이긴 하지만, 종교인의 행위를 넘어선, 교육적 배려가 돋보이는 교훈이 깊은 감동으로 다가왔다. 결국은 인간을 위한 헌신(獻身) 아닌가? 그런 마음을 갖지 못한나 자신이 참 부끄러웠다.

바로 앞에 있는 시청사 건물로 향했다. 건물의 아름다움에 제자들이 환호했다. 오전임에도 불구하고 이미 많은 관광객들이 북적대고 있었다. 사람들은 제각기 사진을 찍느라 야단법석이다.

시청 앞 광장 입구 한쪽에, 독일 지성을 상징이라도 하듯이, 하인리히 하이네(Heinrich Heine, 1797~1856)의 동상과 기념비가 있다. 그의 기념비는 1926년 시립 공원에서 세워졌으나 1953년 그가 유대인이라는 이유로 철거되었다고 한다. 전쟁과 연관되어 그의 책이 소각되기도 했지만, 1982년, 인도주의적 삶에 대한 경고가 다시 평가받으며, 새로 디자인한 기념비가 이곳에 세워졌다.

하이네는 독일 낭만주의와 고전주의 전통을 잇는 서정 시인인 동시에, 반(反) 전통적인 혁명적 저널리스트로 평가받는다. 그래서인지 독일 시인 가운데 누구보다도 많은 작품이 노래로 만들어져 애창되고 있단다. 기념비에 적힌 구절이 마음을 파고든다.

"나는 시인의 명성에 가치를 더한 적이 없습니다.
그리고 내 노래가 칭찬을 받든, 욕을 얻어먹든,
별로 신경 쓰지 않습니다.
하지만 당신은 내 관에 칼을 꽂아야 합니다.
왜냐하면 나는 인류 해방 전쟁에서 훌륭한 군인이었기 때문입니다."

시청사(Hamburger Rathaus) 앞에 다시 섰다. 예전에도 그랬지만, 정말 웅장하다! 그렇게 사람을 압도한다. 찬란하다! 또 그렇게 눈부신 역사를 녹여 넣었다. 아름답다! 또또 그렇게 인간 사회의 삶을 담았다.

저 미학(美學)의 세계를 다듬은 사람은 어떤 마음의 소유자일까?

함부르크 시청사는 19세기 중반 옛날의 시청사가 대화재로 소실된 후 40여 년이 지난, 19세기 말에 신 르네상스 양식으로 지어졌다. 함부르크의 역사와 부를 상징하는 건축이다. 112m에 이르는 건물의 중앙탑에는 대형시계와 불사조 석상, 그리고 함부르크를 상징하는 문장(紋章)이 걸려 있다. 문장의 아래에는 다음과 같은 의미의 글이 새겨져 있었다.

"후손은 선조들이 합리적으로 만들어 온 자유(自由)를 지키기 위해 노력해야 합니다!"

이는 다양한 방식으로 재현할 수 있다. 예를 들면, '어린이들은 어른들이 합당하게 가꾸어온 자유를 지키기 위해 노력해야 한다!' 또는 '학생들은 스승이 연구해온 학문의 자유를 보존하고 계승하기 위해 노력해야 한다!', '후배들은 선배들이 창조해온 자유를 수호하기 위해 노력해야 한다!' 등등. 이 지점에서 자유가 던지는 의미를 깊게 생각할 필요가 있다.

그들은 그렇게 자유를 위해, 민주주의를 향해, 대대로 충실하려는 의지를 다지고 있었다. '교육은 바로 이런 것이다!'라는 생각이 뇌리를 스쳤다. 이보다 훌륭한 교육이 또 있을까? 교육이 학교라는 좁은 울타리에서 교과목 지식의 전수로만 해소되지 않는다는 명백한 증거가 아닌가!

건물의 오른쪽 끝에는 악마를 제압하는 대천사 '성 미카엘(St. Michael)' 조각상이 솟아 있다. 이렇게 즉각적으로 보이는 웅장하고 화려한 건물의 외관도 중요하지만, 시청사의 핵심은 즉각적으로 보이지 않는 저 깊숙한 곳에 녹아 있었다.

시청사를 훌륭한 건축으로 생각하게 만드는 것은 28개의 창문 위에서 발견된다. 시민을 통합하는, 민주적 어울림의 사유! 창문에는 시장, 어부, 상인, 선장, 제화공, 굴뚝 청소부 등 함부르크 시민들이 종사하는 주요한 직종 28개를 대표하는 석상을 조각해 놓았다. 이런 의식의 표현이야말로 시청사의 예술성을 더한다. '아름답다'는 감탄사가 절로 나올 수밖에 없는 이유다.

시청사 옆쪽으로는 운하가 흐른다. 그 다리 입구에 <함부르크 전몰장병 추모비(Hamburger Ehrenmal)>가 우뚝 서 있었다. 비석에 새겨 넣은 문구는 1차 세계대전의 희생자를 기리는 듯했다. '국가를 위해 목숨을 바친, 함부르크의 아들 40,000명을 위해. 1914-1918'. 하지만 기념비는 2차 대전의 희생자까지 고려하는, <두 세계대전의 전몰용사 기념비>로 의미를 부여했다. 그 취지는 다음과 같이 설명되어 있었다.

"제1차 세계대전 후, 상원은 함부르크에 '영웅기념비'를 세우지 말고, 전쟁에서 사망한 사람들을 위한 '중앙기념관'을 세우기로 결정했습니다. 1929년 클라우스 호프만(Klaus Hoffmann)은 이 기념비의 건축 디자인 공모전에서 당선되었습니다. 작은 계단으로 내려가는 기존의 사분면 계단 아래에서 알스터(Alster)는 에른스터 발라흐(Ernst Barllach)에게 '슬픔에 잠긴 엄마와 아이를 품는 모양'의 부조(浮彫)를 새기도록 했습니다. 그리하여 1931년 기념비가 세워졌습니다. 하지만 1938년에 나치 상원은 에른스터 발라흐에게 다시 그 부조를 제거하도록 했습니다. 대신, 날아오르는 독수리를 모티브로 대체했습니다.

1949년, 상원은 독수리를 제거하고, 다시 에른스터 발라흐에게 부조를 재구성하도록 했습니다. 그 이후, 이 기념물은 시의 공식적인 전쟁기념관이 되었습니다. 이곳에서는 매년 두 차례, 세계대전에서 전사한 용사들을 추모하기 위해 '국가 애도의 날'로 정하고, '상원'과 '시민권'의 화환을 바칩니다."

한국도 마찬가지지만, 어느 나라건, 전쟁을 겪은 국가는 '전몰장병'이나 '무명용사'들이 희생한 역사를 기념비로 기록한다. 1, 2차 세계대전의 주역이자 패전국의 오명을 남긴 독일은, 그런 기록으로 역사의 교훈을 새롭게 정돈하는 것 같았다. 이 짧은 기념비의 역사에서, 독일이 2차 대전 패전국임에도 불구하고, 세계 정상의 선진국으로서 위력을 발휘하는지, 그 힘이 느껴졌다. 그것은 다름 아닌, 투철한 국가관 교육과 민주주의를 열망하는 시민교육 덕분이 아닐까?

다리를 건너 운하의 뒤쪽으로는 옷과 시계, 가방 등을 진열한 명품가게와 오래된 우체국이 자리하고 있었다. 그곳은 상대적으로 상업지구처럼 느껴져서, 독일 전통의 고풍스런 멋이 풍기지 않아 대충 구경하고 재빠르게 나왔다.

그리고 이왕 내친김에, 걷고 또 걸어 큰딸이 일러준 '부산교'로 향했다. 아니, 별생각 없이, '구글(Google)' 지도가 일러주는 대로 따라 걸었다. 옛날에는 상상하기 힘든 일이지만, 첨단과학기술문명의 이기(利器)가 기행 문화를 이렇게 재미있게 만든다. 가는 길에 세계 문화유산인 '벽돌로 만든 운하'도 보고, 바다가 보이는 항구 쪽으로 무작정 걸어 나갔다. 그러다가 문득 '부산교'를 발견했다. 유레카(Eureka)! 발견인가 깨달음인가! 함부르크가 독일 제2의 도시이고 항구도시여서 그런지, 한국에서 그에 상응하는 도시인 부산과 자매결연을 맺은 모양이다. 그런 것을 기념하여 '부산교'로 명명한 다리가 있었다. 작은 글씨지만, 표지판에 한글로 '부산교'라는 글자를 병기해 놓아 더욱 정겨웠다.

운하와 바다를 보고, 12시가 조금 지난 시간, 배가 고파오기 시작했다. 걷기도 많이 걸었지만, 모두가 무언가 맛난 것을 먹고 싶은 욕망으로 가득한 눈빛을 드러냈다. 내려오는 길에 이태리식 피자와 파스타 카페를 만났다. 무조건 들어갔다. 한국과 조금 달랐지만, 피자와 파스타, 야채 볶음 등을 맛나게 먹고 다시 시청사 앞으로 돌아왔다. 우리의 인솔자 큰딸이 이미 도착해 있었다. 독일에서 며칠을 지내서 그런지 나름대로 독일에 대해 조금 알 것 같은 느낌으로 으쓱해지기도 했지만, 그래도 현지인 앞에서는 작아질 수밖에 없다. 오전에 동행하지 않았던, 큰딸의 재등장은 약간은 구세주를 만난 느낌을 주었다. 그렇게 조금은 큰딸이 자랑스러웠다.

부산교에서 시청사로 걸어오면서, 두 개의 큰 건물을 보았다. 하나는 하얗게 빛나는 현대식 건물이고, 다른 하나는 검은빛을 띤 교회 건물이었다. 딸을 만나서, 그곳에 가보자고 요청했다.

먼저, 시청사 뒤쪽에 있는 검게 그을린 것 같은 건축물로 발길을 옮겼다. <성 니콜라이(St. Nikolai)> 교회였다. 하노버에서 보았던 <성 에기딘(St Ägidien)> 교회와 동일하지는 않으나 유사한 상황을 겪었다. 대화재와 공습을 받았지만, 탑이 손상되지 않고 불에 그을렸다. 예배당은 거의 부서져 지붕 없이 벽체만 남았다.

<성 니콜라이> 교회는 시청 앞쪽에 있는 <성 베드로> 교회와 역사적 성격이 다르다. 1195년 세속적 신도시가 세워진 지 몇 년 후, 함부

르크에 정착한 서민들은 자신들의 교회를 요구했다. 아돌프 3세 백작은 이에 부응하여 약 300명을 수용할 수 있는 교회를 지었다. 서민들 가운데 대다수는 상인과 선원이었다. 이 교회는 나중에 선원으로서 많은 사람을 바다 일의 고통에서 구한 소아시아의 주교 성 니콜라스에게 헌정되었다. 그리고 수 세기에 걸쳐 건축과 수리가 반복되었다.

1659년, 성 니콜라이 교회는 세 번째 탑을 만들었다. 그러나 1842년 5월 5일 오후, 큰 화재로 본당 전체가 불에 탔다. 재건축을 위해, 어떤 건축 양식이 좋은지 여러 차례의 공개 토론이 있었다. 토론의 결과, '신 고딕 양식'이 상대적으로 많은 지지를 받았다. 예를 들어, 고트프리트 젬퍼(Gottfried Semper)가 대표하는 '신고전주의'적 가벼움과 우아함보다는 '신 고딕'의 엄격한 양식을 사람들은 선호했다. 새로운 <성 니콜라이> 교회는, 당시 거의 알려지지 않은 영국 건축가 조지 길버트 스콧의 기획 아래 지어졌다. 탑이 완공된 1874년에는 147.3m로 세계에서 가장 높은 교회 탑이 되었다. 현재도 세계에서 다섯 번째로 높은 탑이다.

1943년 7월 27일~28일 밤, 1842년 대화재가 발생한 이후 101년 만에 다시 예배당이 불에 타 소실되었다. 고모라 작전(Operation Gomorrah)의 결과였다. 1943년 7월 25일, 고모라 작전이 시작되면서, 영국과 캐나다의 항공기들은 밤마다 함부르크를 폭격했다. 낮이 되면 미국의 항공기들이 그 도시를 다시 폭격했다. 그해 11월, 그 작전이 끝날 때까지 9,000톤의 폭탄이 퍼부어졌다. 30,000명 이상이 죽었고, 280,000개의 건물이 파괴되었다. 다행히 교회 탑은 '고모라 작전' 중의 공습에도 거의 손상되지 않고 살아남았다. 그것이 지금, 함부르크의 모두를 위한 기억의 중심 장소가 되었다. 아무것도 모른 채, 무심코 보았던 우리 일행조차도 먼 거리에서, '저 건축물은 무엇일까?'라고 호기심을 보일 정도였으니, 함부르크 시민들이 기억해야 할 중심 장소가 되기에 충분하다. 사라진 예배당 안에 걸린 '십자가에 매달린 예수 그림'과 '지상의 천사' 조각상이 그나마 서민들의 마음을 조용하게 달래고 있는 듯하다.

다시 시청사 앞 광장으로 돌아왔다. 광장에서는 시위가 한창이다. "No Deals with Terrorists(더 이상 테러리스트로 취급하지 말라)! Free IRAN(자유 이란)! Woman Life Freedom(여성의 삶에 자유를)!" 등등의 구호를 붙인 트럭이 서 있고, 이란이나 이슬람 출신의 옹호자들 300여 명 정도가 모여서, 그들의 인권을 호소하고 있었다. 질서정연하게 노래와 구호를 교차하며 한 시간 정도 시위를 하더니, 차분하게 해산했다.

사진을 찍으며 약간의 휴식을 취하고 있는 사이에, 큰딸이 제안했다. 시티투어 버스를 타고 시내를 돌아보는 것이 어떠냐는 것이었다. 단순히 시내를 걸어 다니기보다 함부르크 시내 전체를 한번 둘러보는 것도 의미가 있다고 생각되었다. 전원이 지지를 보냈다. 서울 시내에서도 타 보지 않은 시티투어 버스를 독일 함부르크에서 타다니. 어쨌건 시티투어는 함부르크 시의 특성을 이해하는 데 상당한 도움이 되었다. 어떤 부자 동네를 지날 때, 그 동네의 어떤 저택은 하루 임대료가 100만원을 넘는 곳도 있다고 했다. 또 함부르크 시내에 우뚝 솟은 상징적인 건축물 다섯 개 전체가 조망되는 곳에서는 한 폭의 그림이나 사진을 보는 듯, 아름다운 풍경이 펼쳐졌다.

시티투어가 끝나니, 벌써 어둠이 밀려왔다. 버스를 타고 저녁을 먹으러 갔다. 큰딸은 한식집, 그것도 이곳에서 유명하다는 포장마차 집으로 안내했다. 음식점 이름이 '서울 1988'이었다. 한국 사람이 운영하고 종업원도 모두 한국 사람들인지라, 한국에서처럼 자연스럽게 식사를 즐길 수 있었다. 쌀밥은 물론이고, 막걸리에 소주와 맥주를 섞어 마시며, 기분 좋게 한 잔 했다. 안주는 오징어볶음, 김치찌개, 파전, 계란말이 등등 한국의 선술집과 같았고, 맛도 한국과 비슷했다. 벽면에는 그 집을 다녀간 수많은 사람이 제각기 자기 사연을 담은 낙서가 가득했다. 나도 장난삼아 한 글자를 보탰다. "만사형통(萬事亨通)!: Everything goes well!"

조금 취기가 돈 상태에서 지하철을 탔다. 기분 좋은 상태에서 호텔에 도착했다. 큰딸은 다시 지하철을 타고 집으로 갔다. 내일 아침에 만나기로 했다. 조금 있으니, 취기가 가라앉았다. 호텔에서 멀지 않은 곳에, 시청이 바라보이는 호숫가에 배처럼 생긴 카페에 일식 스시집이 있었다. 진 대표·한 박사와 함께 산책 겸 간단하게 한 잔 더 하려고 나왔다. 맥주 한잔에 참치 김밥 같은 초밥 스시를 먹고 호텔로 돌아왔다. 한국의 심야 선술집과는 격이 조금 달랐다. 아무래도 우리 취향보다는 독일인들에게 맞는 그런 카페 문화 경험이었다.

독일 기행 - 5일 차, 함부르크 둘째 날

2023. 1. 8.

새벽 2시 무렵에 잠이 깼다. 낯선 이국땅에서 이 무슨 조화인가? 양력으로 1월 8일이고 음력으로는 12월 17일이다. 1963년에 태어났으니, 음력으로 59년을 꽉 채운, 생일(生日)이다. 계묘년(癸卯年) 토끼띠 해에 태어나, 다시 계묘년 토끼띠 해를 맞으니, 한국식 나이로는 환갑(還甲)이다.

고등학교 때까지는 생일에 대한 개념이 없어서 그랬는지, 아니면 너무 가난한 시절이라 생일을 챙길 여유가 없었는지, 생일을 제대로 해 먹은 기억이 별로 없다. 간혹, 생일이 지난 며칠 후, 엄마가 말하곤 했다. "아이고, 며칠 전이 네 생일이었는데 깜박했다!" 그렇게 지나가도 섭섭한 적은 한 번도 없었다. 생일상 차릴 형편이 안 되는 집안 사정을 잘 알기에, 더욱 그러했다. 더구나 대학입시 면접 전날, 음력 12월 10일에 아버지가 돌아가시고 난후, 아버지 기일(忌日)과 내 생일이 일주일의 시간 차이밖에 나지 않아, 아버지를 추모한다는 핑계로, 나는 특별히 내 생일을 기념하지 않았다. 어쩌다 친구들이 알거나, 아내가 챙길 경우가 있어도 특별한 생일상은 없었다. 그냥 간단하게 고기반찬 한두 가지 추가되면, 그만이었다. 그렇게 환갑의 나이까지 왔다. 낯선 땅 독일에서도 마찬가지다.

나는 늘 생각해 왔다. 매일이 생일(生日)이고 매일이 기일(忌日)이다. 수많은 특별한 날들, 예를 들면, '어버이날', '스승의 날', '학생의 날', '부부의 날' 등등 수많은 날은, 그 날만 기념하면 되는 건가? 아니다. 그러기에 매일이 어버이날이어야 하고 스승의 날이어야 하고 학생의 날이어야 한다. 이렇게 나는 일상의 날들을 존중하고 존경하며 존숭한다. '일상에 충실(忠實)하라!' 선불교(禪佛敎)에서도 말하듯이, '일상사 그대로 선(禪)이다.' 일행삼매(一行三昧)!

아침 일찍, 8시에 호텔을 나섰다. 알토나 해변의 재래시장을 구경하기 위해서였다. 전철을 타고, 다시 배를 갈아타고 내달렸다. 유람선인지 교통수단인지, 호화 유람선은 분명히 아닌, 그리 크지 않은 배를 타고, 재래시장이 열리는 항구에 닿았다. 아직 동이 트지 않은 새벽 같은 아침에, 강인지 바다인지 운하인지 모르겠으나, 배를 타고 간다는 자체가 들뜬 마음을 이끌었다. 시장에는 각종 생선과 야채가 가득했다. 우리의 농수산물 시장과는 분위기가 다르지만, 그래도 서민들이 삶의 활력을 뿜으며 역동적으로 움직이는 현장이었다. 비가 부슬부슬 내리는 가운데, 청어구이가 들어간 햄버거와 커피 등 조금 독특한 음식물로 아침을 대신했다.

한참을 구경한 후, 비를 맞으며 버스를 타고 다시 이동했다. 11시 무렵에 있을 오케스트라 연주회를 관람하기 위해서이다. 큰딸이 음악을 공부하다 보니, 마침 함부르크시 교향악단의 신년 음악회가 열리는 것을 알고, 미리 티켓을 구입해 놓았다. 공연장에 도착하니, 많은 사람이 공연 관람을 위해 모여들었다. 음악의 고장, 그 현지에서, 여행 도중에 연주회를 관람하다니, 이 또한 행운이었다.

오케스트라 연주도 인상 깊었지만, 연주 이전에 약 20여 분간 이어진 오케스트라와 연주회에 관한 소개, 중간 휴식 20여 분간 이루어진 관객들 사이의 소통과 우의(友誼) 등등, 공연장의 분위기는 우리의 음악회 풍광과는 사뭇 달랐다. 문화의 차이가 너무 생소했다. 특히, 나이

지긋한 지휘자의 영혼을 불사르는 듯한 몸짓은 충격을 주었다. 원래 장애인인지, 아니면 다리를 다쳐서 그런지 알 수는 없으나, 회전의자에 앉아 온몸으로 지휘하는 그의 모습에 관객들은 쉽게 자리를 뜨지 못했다. 오케스트라의 영역별 연주 단원을 하나하나를 소개하는 시간이 한참 동안 이어졌지만, 관객들은 지휘자에게 기립 박수를 쏟아냈다. 내가 눈물이 날 정도의 감동이었다. 수시로 교육을 오케스트라 연주에 비유하곤 했지만, 정작 연주회를 직접 관람하고는 '교육도 저런 차원으로 끌어 올릴 수 없을까?'라는 생각만이 스쳐 지나간다.

연주회 관람을 마치고 나니 오후 1시가 넘었다. 점심시간도 잊은 채 관람했단 말인가? 연주회 때는 몰랐으나 공연장을 나오고 보니, 배가 고프다. 점심은 뭘 먹지? 큰딸이 고민하다 독일식 생선구이 요리를 추천했다. 딱딱한 빵과 커피로 얼룩진 식생활 문화를 180도 바꿀 수 있는 기회였다. 어떤 요리가 나오는지, 빨리 가보고 싶었다.

식당으로 가는 길에, 공연장 맞은편 길을 건너니, 함부르크시 법원 건물이 무리 지어 있다. 약간은 웅장하면서도 고풍(古風)스러운 기운이 느껴졌다. 다들 사진을 찍느라 정신이 없다. 배도 안 고픈 건가? 살짝 열린 법원 별채의 문안으로 들어가 보았다. 휴일이라 사람은 없지만, 독일법의 엄격함이 녹아 있는 듯했다.

법원 건물을 지나 다시 길을 건너자, 조금 이색적인 교회가 나타났다. 러시아 정교회 건물이었다. 기독교 역사에서 동로마 정교회(正教會: Eastern Orthodox Church)와 서로마 가톨릭(Catholic)의 역사는 진지하면서도 심각하다.

정교회(正教會)는 문자 그대로 자신들을 '올바른 교회'라고 강조한다. '오서독스(Orthodox)'가 상징하듯 자신들이 '정통'이라는 뜻이다.

11세기, 동서 대분열과 이후 종교개혁 등으로 가톨릭과 개신교 등의 서방교회가 다양한 변화를 겪자 이들에 비해 자신들은 '변하지 않은 정통성을 지키고 있다'는 의미로 '정교회'라고 했다. 동쪽에 자리하고 있었기에 '동방정교회(東方正教會)'라고도 한다.

이에 비해 서방의 '가톨릭 교회(Roman Catholic Church)'는 '가톨릭(Catholic)'의 원래 뜻처럼 '보편적'이고 '공동적'인 차원의 교회를 지향했다. 로마 교황을 교회의 대표로 인정하며, 교황이 주교를 임명한다. 가톨릭 조직의 원리는 교계제도(教階制度)에 있다. 그것은 원래 '거룩한 질서'의 위계(位階)를 뜻한다. 하부에는 신도층인 평신도가 있고, 상부에는 성직자층인 주교와 신부가 있다. 이 두 위계가 합쳐져 '하느님의 백성'인 교회를 이룬다. 교회의 정점에 교황이 존재하지만, '하느님의 백성'으로서 교황이나 주교 및 신부, 그리고 평신도는 그 일원에 불과하다.

그러나 정교회는 가톨릭과 달리 '독립교회(獨立教會: Autocephaly)'의 구조를 가지고 있다. 정교회는 독립교회의 집합체이고, 어느 정도 규모가 커진 교회는 나라별로 '독립'된 교회로 위치가 승격된다. 이는 옛날 나라마다 교회가 따로따로 있었던 초대 교회의 구조를 보존하고 있는 것으로 지금은 문화권을 따라서 독립교회들이 있다. 각 지역은 가톨릭에 비해 훨씬 통제가 적고, 각기 알아서 교회를 꾸려 나가기 때문에 각 지역의 문화를 만드는 결과를 낳는다. 즉 러시아 정교회는 러시아 문화 그 자체이며, 그리스 정교회도 그리스 문화 그 자체다. 주교도 교황이 임명하는 것이 아니라 시노도스(Σύνοδος)라는 '대의원회의'에서 선출한다.

교회 내부로 들어서니, 입구에 성물(聖物)을 파는 상점이 있고, 가운데는 십자가 예수상이 거의 개방된 상태로 친근하게 다가온다. 일반적인 천주교(가톨릭) 성당과 다른 분위기의 자유로움이 느껴졌다. 이른 시일 내에 시간을 내어 동방 정교회와 서방 가톨릭, 프로테스탄트, 성공회 등 기독교 분파의 역사와 사유에 대해 개괄적으로나마 연구를 해 두어야 할 것 같다. 그렇지 않고서, 어떻게 서구 기독교 문화를 이해하겠는가? 아울러 서구 기독교 문명을 제대로 이해하지 못하고, 어떻게 서구의 교육철학과 사상을 논의하겠는가? 제대로 탐구하고 조사하여 연구하지 않고, 사전적으로 간략하게 정돈된 지식으로, 기독교 사상과 교육을 함부로 말하는 것은 위험하다는 것을, 러시아 정교회 건물을 보며 직감했다.

점심 먹으러 가는 길목에, 우연하게도 어제 저녁을 먹었던 포장마차 '서울 1988'의 함부르크 2호점, 즉 분점을 발견하고 환호성을 질렀다. 점심 식사로 나온 독일식 생선 요리는 생선을 통으로 구웠다. 몇몇 야채가 곁들여 나왔고, 맥주 한 잔을 곁들이니 맛이 일품이었다.

점심을 먹고, 어제 부산교에서 시청사로 걸어오면서, 두 개의 큰 건물을 보았다고 했는데, 그 중에 하얗게 빛나는 현대식 건물을 보러 갔다. 그것은 함부르크 오케스트라 건축물이었다. 내부는 전망대 겸 공연장으로 사용하는 것 같았다. 앞쪽으로는 시원한 바다가 보이고 뒤쪽으로는 함부르크시 전역이 조망되었다. 위로 올라가는 에스컬레이터를 타는 순간 이미 형용하기 힘든 예술작품 같은 느낌이다. 발을 딛고 있는 발판의 높이와 그 높이에 따라 정돈된 계단의 폭이 너무나 자연스럽고 편안하게 느껴졌다. 에스컬레이터를 타고 내린다는 그런 긴장이 없었다. 건물 자체가 오케스트라였다.

너무 열심히 구경한 탓일까? 아니면 많이 먹어서일까? 아니면 다른 이유가 있는 걸까? 저녁을 먹지 않으려는 사람이 절반이나 되었다. 호텔 부근에 있는 중국 식당으로 가서 우육면(牛肉面)에 맥주 한잔 곁들여 먹고 들어와 잠을 청했다.

독일 기행 – 6일 차, 브레멘 그리고 다시 함부르크

2023. 1. 9.

오늘은 함부르크에서 1시간 30분쯤 거리에 있는 브레멘으로 이동하기로 했다. '브레멘'이라고 하니, 그림 형제의 「브레멘음악대」라는 동화 이외에 들어본 것도 아는 것도 없었다. 설레는 마음으로 아침 10시 20분 무렵, 브레멘으로 향하는 기차를 탔다.

「브레멘음악대」는 인간들에게 버려진 동물들이 일치단결해 자신들의 새로운 생활을 개척해나간다는 내용을 담고 있다. 줄거리를 요약하면 다음과 같다.

어느 농장에 당나귀 한 마리가 살았다. 세월이 흐르면서 젊을 때는 열심히 일하던 당나귀는 나이가 들어 일을 잘할 수 없게 되었고, 주인은 당나귀를 학대하기 시작했다. 그러던 중 어느 날 주인이 혼자 중얼거렸다. "이 녀석을 도살자나 가죽 세공인에게 갖다 팔아야겠다!" 이에 견디다 못한 당나귀는 도망을 쳤다. 그리고 브레멘으로 가서 음악대에 들어가려고 했다.

브레멘으로 가는 도중에, 비슷한 사연을 지닌 개와 고양이, 그리고 수탉을 차례로 만났다. 그들은 음악대에 들어가려는 당나귀의 제안을 받아들여, 함께 브레멘으로 향했다. 브레멘으로 가는 길은 멀고, 날도 저물었기에 동물들은 숲속에서 쉬려고 했다.

그런데 저 멀리 불이 켜진 집이 있었다. 그 집에 가보니, 안에서 도둑들이 저녁을 먹으며 금화를 나누고 있었다. 마침 배가 고파 음식을 먹고 싶었던 동물들은 도둑을 쫓아내기 위해 꾀를 냈다.

창가에서, 당나귀가 서고, 그 위에 개가 올라타고, 또 개 위에 고양이가 올라타고, 고양이 위에 수탉이 올라탔다. 그리고 일제히 소리를 질렀다. 도둑들은 그 소리에 놀랐고, 창밖에 비친 동물들의 그림자를 보고 괴물이 나타났다며 황급히 도망쳤다. 그 틈을 타 동물들은 집 안에 들어가 음식을 먹은 다음 불을 끄고 잠이 들었다.

숲속으로 도망친 도둑들도 가만히 있지는 않았다. 빼앗긴 집을 탈환하기 위해 정찰병 한 명을 캄캄한 집 안에 들여보냈다. 정찰병 도둑은 불을 켜려고 화롯불을 찾았다. 그때 화로 근처에 있던 고양이가 얼굴을 할퀴었다. 도둑이 문 뒤로 숨자 문 옆에 있던 개가 다리를 물어뜯었다. 겁을 먹은 도둑이 달아나려고 문밖으로 뛰쳐나오자 당나귀가 뒷발로 걷어찼다. 수탉은 큰 소리로 울어댔다.

동물들에게 크게 당한 도둑은 거짓말로 두목에게 보고했다. "눈에서 불을 뿜는 마녀가 제 얼굴을 할퀴었어요. 얼굴에 복면을 쓴 남자가 칼로 제 다리를 찔렀고요. 험상궂게 생긴 간수가 몽둥이로 절 마구 두들겨 팼어요. 게다가 경찰관까지 나타나서 '도둑놈 잡아라! 도둑놈 잡아라!'라고 외치지 뭐예요? 나 참! 죽을 뻔했어요." 그 후 도둑들은 집을 탈환하는 걸 포기하고 도망쳤다.

당나귀를 비롯한 동물들은 그 집이 마음에 들었다. 그리고 아예 눌러앉아 음악을 연주하며 음악회를 열어 부자가 될 만큼 오래오래 행복하게 잘 살았다. 결국 브레멘으로는 가지 않았다.

브레멘 역을 내리는 순간, 아주 오래된 도시임을 직감했다. 구시가지로 들어서니, 천 년 전 중세의 도시를 거니는 것 같았다. 시청과 성당, 그리고 주변의 집들, 작은 골목, 대학 등등 모두가 고풍(古風)에 고풍(古風)을 더하고 있었다. 그만큼 여유가 있다고도 볼 수 있었다.

수백 년 전통을 이어오면서, 아직도 시청사로 사용하고 있다는 자부심, 「브레멘음악대」가 전하는 동화의 전설은 동상으로 만들어져 사랑을 받고 있었다. 시청사 앞쪽에 세워진, '당나귀 위에 개, 개 위에 고양이, 고양이 위에 수탉', 그 브레멘음악대의 동상은 당당하고 늠름한 모습으로 위용을 과시하고 있었다. 아니, 위용보다는 그들의 협동과 배려가 정의를 상징하는 듯, 삶의 열정을 담고 있었다. 당나귀 다리를 만지면 행운이 온다는 속설 때문인지 다리가 반들반들했다. 큰딸과 사진 한 컷 찍었다.

골목 안으로 들어가니, 아주 오래된 카페와 기념품 가게들이 군데군데 자리하고 있었고, 골목마다 사연을 담은 전설이 가득했다. 한 건물 위에는 종이 달려 정해진 시간에 울린다고 했다. 한국의 서울이 내세우는 전통거리 '인사동'과는 완전히 차원을 달리 했다. 인사동이 현대에 만들어진 상업 지구라면, 여기는 수백 년 전통이 현재 그대로 살아 숨 쉬는, '사람이 사는 마을'이었다. 어느 오래된 건물의 유서 깊은 카페에서, 독일식 차를 한 잔 마시고, 다시 골목길을 여기저기 누비며 견문을 넓혔다.

다시 시청 광장으로 나와 오래된 성당 앞으로 나오자 야외 시장이 펼쳐졌다. 눈길을 끄는 것은 노상 음식점이었다. 한참을 지켜보다가, 줄을 서서 길거리 음식을 체험했다. 맛있었다. 많은 사람이 그 음식점이 열리길 기다리기라도 한 듯, 노상에서 점심을 즐기는 모습이 재미있게 다가왔다. 반짝 노상 카페!

브레멘 구경을 마치고, 다시 함부르크로 돌아왔다. 오후 4시쯤 되었다. 함부르크 시내도 이제 제법 익숙해졌다. 각자 자유 시간을 갖고 쇼핑도 하고, 아직 돌아보지 못한 곳도 다녀보기로 했다. 이곳 저곳을 기웃거리다가 저녁은 함부르크의 '햄버거'에 '맥주' 파티로 결정했다.

나름대로 맛집으로 소문난 카페에 자리 잡았다. 햄버거는 정말 햄버거다웠다. 샌드위치 한두 조각이 아니라, 탑처럼 쌓아 올린 거대 샌드위치였다. 손으로 눌러서 먹는 것이 아니라 나이프로 잘라서 먹어야 했다. 맥주도 가지가지 시켜서 풍미를 즐겼다.

독일 기행 - 7일 차, 프랑크푸르트 첫째 날

2023. 1. 10.

이제 독일 기행의 막바지에 이르렀다. 귀국 일정상, 프랑크푸르트로 가는 시간과 비행기 시간을 고려하다 보니, 함부르크에서 하루 전에 떠나야 했다. 오전 10시 30분 무렵에 프랑크푸르트로 출발하는 기차를 탔다. 5시간 가량 소요된다고 하니, 열차 안에서, 또는 차창 밖으로, 독일의 풍광을 즐겨야 했다. 다행히 열차에 사람이 붐비지 않아 꽤 괜찮았다. 몇몇 정차 역을 지나며 여러 도시를 거쳐 왔으나 어딘지 잘 모르겠다. '괴팅겐'만 기억이 난다.

프랑크푸르트는 3년 전 가족여행을 왔을 때, 여기저기 다녔던 곳이라 꽤 익숙했다. 오후 시간이기는 하지만, '뢰머광장(Rőmerberg)'과 '아이젤러' 다리에서 오늘을 보내기로 했다. 호텔에 짐을 놓고, 뢰머광장에 도착했다. '뢰머'는 '로마인'이라는 뜻이다. 그러니까 뢰머광장은 로마인의 광장이라는 말이 된다. 기원전 50년경에 로마군이 인근 지역을 점령했고, 이 자리에 머물면서 지어진 이름이란다. 광장에 서고 보니, 우리 동네에 온 것처럼, 참 익숙했다. 예전에 우산도 사고 마그네틱도 샀던 기억을 되새기며, 이곳저곳을 기웃댔다. 아내와 뱅쇼 한 잔을 마셨던 가게도 여전했다. 그때는 크리스마스 마켓으로 붐볐는데, 오늘은 그것이 끝난 직후여서 그런지 상대적으로 한산한 편이었다. 아내와 함께 들렀던 가게를 찾아, 아내 사진 앞에 걸어둘 선물 두 개를 샀다. 하나는 아내가 좋아하는 부엉이 모양의 열쇠고리 형태 시계이고, 다른 하나는 큰딸과 아내를 동시에 생각할 수 있는, 독일과 프랑크푸르트를 상징하는 열쇠고리다. 큰딸과 사진 몇 컷도 찍었다.

뢰머광장의 한쪽에는 니콜라이 교회(Nikolaikirche)가 있다. 50여 석 정도 되는 예배당에 누구나 와서 조용히 기도할 수 있는 소박함이 경건성을 더한다. 목회자가 설교하는 예배단의 화려함은 찾아보기 힘들다. 종교의 일상성이란 이런 것이어야 하지 않을까?

광장을 지나 아이젤러 다리를 산책했다. 그런데 바람이 너무 강했다. 다리 위에서 잠시 머무는 것으로 만족해야 했다. 다리 위에는 어떤 약속인지 모르겠으나, 수많은 약속이 다리의 열쇠에 비밀처럼 잠겨 있다. 열쇠의 수를 모두 세어보기는 힘들지만, 아마 수만 개는 될 만한 열쇠가 다리의 난간 곳곳에 빼곡하게 채워져 있다. 그것도 다리의 전설이다. 나도 그런 열쇠를 가지고 있는가? 있다면, 아내 청아(青莪)를 품은 내 마음의 한 모퉁이겠지! 그렇게 나는 세상과 절연하며 열쇠를 잠그고 있다. 그것은 은둔(隱遁)이다.

아이젤러 다리 산책을 마치고, 앞에 있는 역사박물관을 관람했다. 프랑크푸르트의 모든 것이 담긴 박물관이었다. 박물관 내에 전시된, 중세 시대 병원에 관한 안내문이 인상 깊게 다가온다.

> "간호(看護)는 중세 기독교인의 '경건한 의무(義務)'였다. 최초의 병원은 낯선 사람들, 즉 순례자(巡禮者)와 여행자(旅行者)들을 위해 생겨났다! 도움이 필요한 낯선 사람들을 돌보기 위한 배려의 재단이었다. …… 그림 속에 슬픈 표정을 한 남자는 상처 입은 예수 그리스도를 상징한다. 영적(靈的) 그림은 원래 병자를 위로(慰勞)하고 구호(救護)하기 위한 것이다."

그 뒤쪽에 있는 '나치(Nazi)', 다시 말하면, '국가사회주의 독일노동

자당(Nationalsozialistische Deutsche Arbeiterpartei)' 깃발 앞에는 다음과 같은 설명도 곁들여 놓았다.

"국가사회주의 아래에서 사회의 모든 영역은 '단일 깃발'로 수렴되었다. 1933년 3월 5일, 베를린에서 국가사회주의자에게 권력이 이양된 이후, 프랑크푸르트에는 나치 깃발이 게양되었다. 1933년 3월 12일 지방선거 이후, 프랑크푸르트 국가사회주의자들은 폭력과 협박을 통해, 불법적으로 정권을 잡았다. 그들은 도시의 이미지를 빠르게 바꾸고 싶어 했다. 1848년 독일 민주주의가 세우진 곳이자 독일에서 가장 많은 유대인 인구가 거주하는 도시였던 프랑크푸르트의 과거는 국가사회주의자들의 이념과 맞지 않았다. 유대인과 민주주의의 도시는 스포츠 도시로서 새로운 이미지를 부여받았다."

대학에서 사학을 전공한 진대표의 말을 들어보니, 한국의 서울역사박물관도 아주 잘 되어 있다고 한다. 어쩌면 이 박물관보다 나을 수도 있다고 귀뜸해 준다. 귀국하면 시간을 내어 서울역사박물관도 차근차근 들러봐야겠다.

저녁 6시, 박물관 문을 닫을 때까지 알차게 관람했다. 저녁 식사는 큰딸이 좀 신경을 써서 찾아가는 것 같다. 이번 독일 여행의 마지막 밤인 만큼, 프랑크푸르트 맛집으로 안내했다. 사람들이 줄을 서서 먹을 정도이고, 독일인을 비롯하여 현지 외국인들도 꽤 많이 찾는 그런 집인 것 같았다. 독일식 음식 여러 개를 시키고 맥주도 주문했다. 졸릴 정도로 배불리 먹고 나니, 긴장이 확 풀리는 듯하다.

독일 기행 – 8일 차, 프랑크푸르트 둘째 날, 그리고 귀국

2023. 1. 11.

프랑크푸르트에는 독일의 자랑이자 프랑크푸르트의 아들인 괴테 생가가 자리 잡고 있다. 독일 여행의 필수코스다. 3년 전에 왔을 때와 조금 달라져 있다. 그때는 바로 생가로 입장했는데, 지금은 별도의 기념관과 박물관이 지어졌고, 입장하는 곳도 뒷문으로 만들어 놓았다. 4층으로 된 생가의 역사와 괴테 가족의 삶의 현장이 오늘 우리에게 무엇을 말하는지 느낌이 왔다. 외국 여행객들은 별로 없었다. 대신, 현장 체험을 온 것인지, 독일의 청소년들이 북적였다.

큰딸과 괴테의 서재에서 사진을 한 장 찍었다. 마침 바깥에서 구경하던 타이완(臺灣) 여행객 일가족과 짧은 대화를 하다가 가족사진을 찍어 주었다. 무척이나 좋아했다.

괴테 생가를 나와 프랑크푸르트 시청사로 갔다. 시청은 1400년대부터 현재까지 사용하고 있단다. 함부르크에 비하면 규모도 그렇고 광장도 크지 않다. 재미있게 말하면, 볼품이 없다. 그러나 그게 아니다. 역사가 다르게 느껴졌다. 독일 중세의 수많은 공국(公國)이 나름의 문화를 가꿔왔고, 현재까지 그 전통을 이어오고 있듯이 말이다.

시청사에서 왼쪽으로 고개를 돌리자, 바로 앞에 큰 교회가 시선을 사로잡는다. '성 바울 교회(St. Paulkirche)'다. 안으로 들어가 보려고 했으나 무슨 일이 있는 건지, 오늘은 입장을 할 수 없다고 경찰 같은 사람들이 막고 있다. 시 청사 앞에 있다 보니, 프랑크푸르트를 방문하는 국가수반이나 국제적으로 저명한 인물들이 시청사나 이 교회에서 연설도 하고 그랬던 것 같다. 교회의 벽면에 새겨진 케네디(John Fitzgerald Kennedy, 1917~1963)의 부조상과 연설 문구가 눈에 띈다. 1963년 6월 25일, 프랑크푸르트를 방문한 케네디 대통령이 왜 그런 연설을 했는지 정확하게는 모르겠으나, 바울교회에서 전 세계 사람들에게 다음과 같은 의미의 말을 했다고 한다.

"이 세상의 그 누구도 이 대서양의 세대에 대해, '이상과 비전, 지위, 결단력, 결정권 등을 전문성을 지닌 정치지도자가 남겨 주었다!'라고 말해서는 안 됩니다!"

어쩌면 20세기 중반에, 그것도 2차 세계대전의 전범(戰犯)이자 패전국인 독일에서, 승전국인 미국 대통령이 던진 민주주의를 향한 메시지는 아닐까? 독일 근대 민주주의를 성장시키는 데 동기를 부여해 준 언표인 것은 분명해 보인다.

이 말을 한 다음 날인 1963년 6월 26일, 케네디 대통령은 베를린 장벽 검문소 가운데 하나인 '체크포인트 찰리'를 방문했다. 독일(당시는 서독) 방문 당시, 아직도 회자 되고 있는 케네디 대통령의 명연설은 간단하다.

"모든 자유인은 그들이 어디에 있건 베를린 시민이라 할 수 있습니다. 그러므로 저 또한 자유인의 한 사람으로서, '나는 베를린 사람입니다(Ich bin ein Berliner)!'라고 말할 수 있는 것이 자랑스럽습니다."

이 언표에 서독 사람들은 놀라움을 감추지 못하고 감동했다고 한다. 이런 연설을 상상하는 여운이 가시기도 전에, 시간이 나를 떠밀었다. 시청사 앞쪽의 카페에서 간단하게 점심을 먹고, 인천공항행 비행기를 타고 귀국했다.

아우구스티누스 고백 1 – '고백(告白)'의 자기교육

2023. 1. 14. 5:30

독일 기행을 하면서 몇몇 성당(聖堂: Catholic church)을 둘러보았다. 영혼의 기원! 그 엄숙한 순간들이 다시 떠올랐다. 교육도 영혼을 달래는 숭고한 행위의 하나라는 생각이 엄습하면서, 이번 『교육철학잡기』는, 큰 고민 없이, 아우구스티누스(Augustinus, Aurelius, 354~430)로부터 시작하기로 했다.

아우구스티누스는 그의 자서전인 『고백록(告白錄: Confessiones)』으로 잘 알려져 있다. 하지만, 몇몇 전공자나 관심 있는 신학자(神學者)를 제외하고, 정작, 『고백록』의 내용을 진지하게 성찰한 일반인은 많지 않은 듯하다. 『철학사전』을 펼쳐보니, 그는 다음과 같이 소개되어 있다.

초기 기독교 교회의 대표적 교부(敎父)다. 교부철학과 신(新)플라톤학파의 철학을 종합하여 가톨릭교회 교의(敎義)의 이론적 기초를 다졌다. 중세의 기독교사상은 물론, 지금도 가톨릭과 개신교에도 현저한 영향을 끼치고 있다. 북아프리카의 누미테아 출신이다. 그는 여러 사상을 편력한 후, 30대 초반 무렵인 386년에 가톨릭에 정착했다. 이후, 히포의 사교(司敎)로서 일생을 마쳤다. 아우구스티누스는 모든 것을 의심하는 '나'라는 존재의 확실성에서 출발하여 회의론을 반박했다. 이 확실성은 데카르트가 '나'의 확실성에서 자기 학설을 세웠던 발상과는 다르다. 그것은 영원한 진리, 즉 이데아로서 영혼의 내면에 스며든 신의 빛(illuminatio)에 의한 자기 존재의 확증을 의미한다.

어쩌면 아우구스티누스의 사유 논리는 간단하다.

첫째, 세계(世界)는 신(神)의 이데아에 따라 그 의지에 의해 창조되었다.

둘째, 원죄(原罪)를 짊어진 인간은 악(惡)을 행하는 자유를 가질 뿐이다.

셋째, 구원(救援)은 오로지 신의 은총(恩寵)에 의해 가능하다.

넷째, 구원의 대상이 누가 되는지는 신의 영원한 예정(豫定)에 의한다.

다섯째, 교회(敎會)는 이 은총을 매개(媒介)한다.

독일 기행에서 견문했던 여러 교회가 바로 인간을 구원하는 매개의 장이었다. 아우구스티누스가 '교회 이외에 구원은 없다!'라는 신앙과 사상을 역사철학의 형태로 전개한 것이 만년의 저작인 『신국론(神國論: De Civitate Dei)』이다. 『신국론』에서는 인간의 존재를 '지상(地上)의 측면'과 '천상(天上)의 측면', 양쪽에서 파악한다. 그리고 역사를 인간에 대한 신의 구원 계획과 그 실현 과정으로 본다. 그 결과, 교회라는 보편적 인간 공동체의 확립을 통해, 영원한 기독교 공화국인 '신의 나라'가 최종적으로 실현된다! 여기, 『교육철학잡기』에서는 『고백록』을 중심으로 교육과 학습의 문제를 성찰한다. 아우구스티누스는, 자기교육의 과정에서 무엇을 고백했을까?

아우구스티누스 고백 2 – 언어학습과 교육

2023. 1. 15. 10:20

인간은 지상의 어떤 존재보다도 '언어'를 삶의 중심에 둔다. 어린 아기가 입을 오므리고 펴며 옹알거릴 때, 어린이가 의미를 부여한 말을 시작할 때, 청소년 이후 성장의 단계를 거치며 소통의 포문을 열 때, 언어가 던지는 그 희비(喜悲)의 대문은 인생의 희로애락(喜怒哀樂)을 예고한다. 그런 만큼, 교육에서 언어는 소중한 인생의 문제를 함축한다. 아우구스티누스의 고백은 그 발단과 과정을 잘 그려낸다.

그는 고백했다. 나는 유년기(幼年期)에서 현재에 이르는 과정에 소년기(少年期)를 거쳤다. 아니면, 소년기가 내게로 와서 유년기를 이어받았다! 그러나 소년기 때도 유년기는 떠나가지 않았다. 떠나갈 곳이 없기 때문이다. 그런데 유년기는 이미 존재하지 않는다. 그렇게 인생은 연속적이다.

나는 말할 줄 모르는 어린 아기가 아니었다. 말할 줄 아는 소년이었다. 나는 이 일을 기억한다. 어떻게 말을 배웠을까? 그것은 나중에 보고 들어서 알게 되었다. 내가 말을 배울 때는, 나중에 어른들이나 선생님들로부터 글을 배울 때처럼, 어떤 일정한 가르침에 따라 배우지는 않았다. 하나님! 당신이 내게 부여해 주신 능력으로, 나 자신이 나에게 스스로 말을 가르쳤습니다! 그때 나는 온갖 신음(呻吟)과 외침 소리를 내기도 하고, 여러 모양으로 손발을 움직이기도 하며, 생각하는 것을 나타내어 내가 바라는 대로 해 주기를 바랐다. 그러나 내가 바라는 모든 일을, 내가 바라는 모든 사람에게 나타낼 수는 없었다.

나는 기억을 더듬어 생각해 보았다. 사람들이 어떤 사물의 이름을 부르며 그 사물을 가리키면, 나는 그들의 음성에 따라 몸을 움직였다. 그때 나는 그들의 음성이 바로 그 물건을 표시하고 있음을 깨달았다. 그리고 그들이 뜻하는 것이 무엇인지, 그들의 몸짓으로 분명히 알게 되었다.

이 언어는 모든 사람에게 공통되는 '자연언어(自然言語: Natural Language)'였다. 표정이나 눈짓, 팔다리의 몸짓, 음성의 울림 등에서 오는 표현(表現)이었다. 그것은 무엇을 갈망하고, 손에 넣고, 피하려는 마음의 움직임을 나타냈다. 여러 가지 언어가, 여러 모양의 문구에 따라, 알맞은 경우에 사용되는 말들을 자주 들으면서, 나는 그 언어들이 무엇을 나타내는 부호(符號)인지 추측하며 알았다. 이른바 '기호(記號)'의 시작이다! 내 입은 그러한 표현에 익숙해지면서, 내가 생각하는 것을, 그 표현을 빌려, 알릴 수 있게 되었다. 이리하여 나는 주위 사람들과 서로의 생각을 알리는 표시를 주고받았다. 부모의 가르침과 어른들의 지도에 의지하며, 인생의 거친 물결이 굽이치는 사회 속으로 더욱 깊이 나아가게 되었다.

이것이 언어를 습득하고, 그것을 기반으로 사회에 진입하는 교육의 첫 모습이다. 언어가 교육으로 정돈되면서, 삶은 기호(記號)라는 관문(關門)을 통과한다.

아우구스티누스 고백 3 - 체벌, 복종(服從)과 나태(懶怠)의 사이에서

2023. 1. 16. 6:10

2020년대 초반, 한국의 교육문화에서, '전통'이라는 이름으로 포장된 교육적 관점은, 어쩌면 논의의 가치조차 없는 영역으로 존재하는지도 모른다. 그 가운데 하나가 '체벌(體罰: corporal punishment: toco)'이다. 물론, 상황에 따라, 체벌에 관한 논쟁은 여전히 심각하다. 그러나 체벌은 현대적 의미의 인권(人權)을 고려할 때, 교육적이라는 의미를 부여하는 경우, 교육 최대의 적이자 폭력(暴力)으로 둔갑한다. 그만큼 일종의 금기어(禁忌語)에 속한다. 아주 먼 옛날 옛적의 전설 같지만, 아우구스티누스는 인생에서 학문의 의미, 학교에서 가해지는 체벌이 어떤 교육적 의미를 던지는지 몸소 체험했다. 그 전율은 이 시간에도 고스란히 전해진다.

그는 고백했다. 하나님! 나의 하나님! 나는 인생의 거친 물결이 출렁이는 사회에서, 인간이 얼마나 비참하고 조롱당하는지는 잘 모릅니다!

지금, 이 세상에서 성공하고 인간의 명예와 부를 얻는 데 도움이 되는 삶의 기술은 웅변술(雄辯術)이다. 중세 로마 시대에는 그랬다. 콘스탄티우스 2세(Constantius II)에 의해 통치되고 있던 북아프리카 변방의 로마, 오늘날 알제리의 수크 아라스(Souk Ahras)인 타가스테(Thagaste)인으로 태어난 아우구스티누스는 그렇게 느꼈다. 웅변술은 뛰어난 사람이 되기 위한 삶의 도구였기에, 그것을 위한 학문을 배우려면 학교에 다녀야 한다. 그렇게 상당수의 인간이 학교에 모여든다.

그러나 그것이 인생에 무슨 도움이 되었을까? 가엾은 우리로서는 알 수 없는 일이다.

학교에 들어간 나의 소년 시절 생활 규범은 아주 단순했다. '교사에 대한 복종!' 학교는 엄중했다. 학습을 게으르게 하면 가차 없이 매를 맞았다. 어른들은 게으른 아이들에게 마땅히 그래야 한다고 생각했다. 우리보다 앞서, 많은 사람이 그러한 고난의 길을 개척했다. 때문에, 우리 아담의 자손들에게 노고와 고통을 몇 배나 더해주는 그 길은, 싫어도 걸어야만 하는 일이었다.

그런 가운데도, 하나님이시여! 우리는 당신의 이름을 찾는 사람들을 발견하였습니다!

그들로부터, 당신이 위대한 분, 우리의 감각에는 나타나지 않지만, 우리의 기도를 들어 주시는 분이라는 사실을 알게 되었다. 그래서 어린 나는, 나에게 도움을 주고 피난처가 되는 당신을 찾고, 하나님에게 기도하였다. 뻣뻣한 혀를 억지로 움직여, 학교에서 매를 맞지 않도록 해 달라고 열심히 간구했다.

그러나 하나님 당신은, 내 소원을 들어주지 않았습니다! 그렇다고 내가 원망하는 것은 아니다. 그 일이 내 학교생활에 아무런 의미가 없지는 않았기 때문이다. 내면에서 꿈틀거리는 기도의 응답은 다름 아닌 내 성숙의 보루였다. 어른들은, 심지어 자식인 내게 화가 미치기를 원치 않는 부모님조차도, 내가 매를 맞을 때는 웃음거리 정도로 여겼다. 그것은 나에게 가장 무서운 일이었다.

2,000년 이후의 시점에서, 다시 그 시대의 체벌이 던지는 메시지를 고심해 본다. 중세 로마의 학교, 거기에서 매로 종아리를 치는 체벌은 과연 무엇이었을까? 당연한 '생활'이자 합당한 '문화'인가? 교육적 처

사(處事)일까? 비교육적 만행(蠻行)일까? 현대적 시각에서 보면, 말로 충고하거나 주의를 주지 않고 무조건 매로 때리는 행위는 당연히 비인간적이고 야만적인 행위일 수 있다. 왜 때리는 건가? 말로 하면 안 되나? 말로 하면 안 되는 것이 그 시기의 교육 방법이었나 보다! 그래서 현대 교육은 다양한 영역에서 '상담(相談)'이 발달했다.

그런데 다시 보자. 그렇다고 전반적으로 체벌을 옹호하는 건 결코 아니다. 당시 학교에서 구현된 체벌의 전제 조건을 재검토하며, 그 합리성의 정도를 가늠해 볼 필요가 있다.

첫째, 학교의 분위기다. 그것은 일종의 '교육문화'다. 학생은 교사에게 '복종(服從)'해야 한다. 이는 현대적 의미로 '교사 주도적 교육'의 양식이다. 교사가 주도하고 학생이 따르는 양상이다.

여기에서 '복종(服從)'을 어떻게 독해하느냐가 관건이다. 복종은, 사전적 의미로, '다른 사람의 명령이나 의사를 그대로 따라서 좇는 일'이다. 즉 교사의 교육행위 전반을 학생이 그대로 따라서 실천하는 작업이 중심이 된다. 그것을 거역하는 경우, 교육문화를 거역하는 일탈이다. 여기에서 '그대로 따라' 한다고 했을 때, '그대로'가 무엇을 의미할까? 교사가 지도한 사항 그대로일까? 그것은 인간의 속성상 불가능하다. 인간이 지닌 서로 다른 능력과 지향은 '그대로 따름'을 용납하지 않는다. 관습이나 규범으로 억압되어 있기에, 교사의 가르침을 그대로 따르는 것같은 복종의 양상을 띠지만, 그 교육의 속살은, 보이지 않게 내면을 통해 자신의 능력을 발휘할 여지를 확보해 놓았다. 이 지점에서 고려할 것이 복종(服從)과 유사한 듯이 보이는 '굴종(屈從)'이다. 굴종은 '자기의 뜻을 굽혀 다른 사람에게 복종하는 일'이다. 이 굴종이 문제다. 복종은 자기의 뜻을 드러내어 굽히지는 않았다. 조용히

감춰 숨겨두고 드러내지 않고 인내할 뿐이다. 복종과 굴종 사이에 낀 교육이 있다면, 교사와 학생은 어디에 서야 할까?

두 번째, '게으름'에 대한 대처다. '게으름'으로 삶을 망칠 때, '게으름'이 실패의 바로미터로 작용할 때, 나태(懶怠)는 인생 최대의 적이다. 특별한 경우를 제외하고, 일반적으로는 부지런히 자신의 일을 처리해 나갈 때, 삶의 성취를 맛볼 수 있다. 게으름은 삶을 부패로 인도하기 쉽다.

학교에서, 학생이 맡은 핵심 임무는 학습이다. 학문 도야다. 그런데 그 일을 게을리한다면, 목표 성취가 힘들 수 있다. 때문에 자신의 임무를 게을리하는 학생에게 매로 벌을 준다. 이때 게으름은 체벌의 필요충분조건이 된다. 물론, 체벌 이전에 게으름에 대한 경고가 있어야 마땅하다. 그런 경고도 없이 무조건 회초리가 앞섰다면, 그것은 군대식 훈련과 같은 야만성을 지닌, 비교육적 행위다. '게으름에 대한 경계'가, 관습적 규율이거나 누구에게나 통용되는 보편적 문화라면, 무조건 교사의 체벌을 비난만 할 것은 아니다. 왜, 그러해야만 하는지 고려할 사항도 있으리라. 학생 스스로 부지런함을 발휘할 수 있음에도 불구하고, 자신의 게으름으로 학업에 충실하지 않았다면, 어떻게 해야 하는가? 약간의 충고 후에, 그래도 근면한 자세를 회복하지 않는다면, 바로 회초리를 들어야 할까? 아니면, 최대한 인내심을 발휘하여, 부지런해질 때까지 상담으로 일관해야 할까? 이 둘 가운데 선택이 아니라, 가장 효과적인 방법을 고민하다가, 이 두 가지 모두에 실패할 경우, 대안이 있을까?

청소년기의 학교생활이라는 시공간은 영원하지 않다! 충고와 체벌, 그리고 상담의 역학 관계에서, 무엇이 교육적 행위를 보다 적극적으로 담보할 수 있을까? 절대 잊지 말아야 할 사안이 있다. 교육은 '여기–이때에 진행되고 있는 현실'이다. '저기 저때까지 대기하는 이상'을 초월해 있다. 이상은 교육의 이론으로 적합할 수는 있다. 그러나 현실은 그 이상을 온전하게 담보하지 못한다. 그것이 교육의 현실과 이상 사이의 괴리(乖離)다. '시간은 사람을 기다려 주지 않는다!'

"시부재래(時不再來)!: 한번 지난 시간은 다시 돌아오지 않는다!" 그러니 인생에서 게으르지 말라! 어쩌면, 교육의 형식과 내용, 목적과 방법 등 직접적으로 성취하려는 '구체성(具體性)'보다 나태(懶怠)와 근면(勤勉)에 관한 교육적 화두, 그 '추상성'이 교육의 핵심인 건 아닐까?

아우구스티누스 고백 4 – 어른의 오락과 청소년의 놀이

2023. 1. 17. 11:40

‘벌’에 대한 공포심은 아우구스티누스의 심장을 졸이게 했다. 그는 간절히 기도하며 고백을 이어간다. 나의 하나님! 온 세상 사람들이 아주 무서워하고, 하나님께 그것을 면하게 해 달라고 기도합니다!

그것은 다름 아닌, 고문대와 쇠갈고리와 같은 종류의 체벌 기구다. 어떤 부모가, 그들의 어린 자식이 교사에게 당하는 고통을 웃어넘기듯, 체벌 도구를 아주 사소하게 여기며 웃으며 넘길 사람이 있겠는가? 물론, 둔감한 사람은 그런 태도를 곧잘 보일 수도 있다! 그러나 그렇게 경건하게, 하나님 당신과 일체가 되어, 사랑의 힘으로 충만하고, 사랑의 힘으로 초월하여, 당신에게 의존할 만큼 굳센 용기가 있는 사람이 있는가?

나의 부모는 아이들이 교사에게 받는 고통을 웃어넘기던, 그러한 사람들이었다. 정말 그랬다. 사실, 우리도 그러한 고통을 두려워하여, 그 고통을 받지 않기 위해 열심히 기도했다. 그러나 우리는 읽기와 쓰기, 그리고 생각하는 작업에서, 교사들이 가르쳐준 그대로 행하지 못했다. 죄라면 그것이 죄다.

나는 기억력을 비롯한 지적 능력이 없었던 것도 아니고, 그러한 능력은 내 나이 또래의 소년들보다 충분히 소유하고 있었다. 그러나 우리는 우리처럼 노는 일에 열중하고 있는 어른들로부터 벌을 받았다. 왜냐? ‘어른들의 장난은 오락(娛樂)’이라고 여겨지고 있었기 때문이다. 소년들이 그와 같은 장난을 치면 어른들에게 벌을 받았다. 소년들을 동정하는 사람도, 어른들을 동정하는 사람도, 더구나 그들 모두를 동정하는 사람도 없었다.

아마, 당시의 관습을 정확히 판단한 사람이라면, 내가 소년 시절에 공 놀이에 빠져 학문을 등한시했다는 이유로 매를 맞은 일이 당연하다고 할지도 모른다. 어린 시절의 놀이 때문에 글씨를 배우는 속도가 느려졌다. 하지만, 내가 자라나 성인이 되었을 때, 그런 학문 때문에 더욱 추한 놀이를 하게 될지도 모를 일이다.

사실, 나를 회초리로 때린 교사도 그다지 뛰어난 사람은 아니었다. 그 선생님도 쓸데없는 논쟁으로 동료 교사에게 진다면, 내가 공놀이에서 친구에게 졌을 때 이상으로 노여움과 질투 때문에 마음이 들끓었을 것이다.

다시 생각이 폐부를 찌른다. 도대체 학문이 뭘까? 학문을 소홀히 하고, 조금 노닥거린 것이 그렇게 잘못인가? 어른들에게는 장난이 오락이다. 그런데 청소년에게는 왜, 그것이 죄악인가? 체벌은 차치하고라도, 흔히 말하는 '학습과 놀이'가 이다지도 별종이란 말인가? 아우구스티누스의 시대에는 그랬던 모양이다. 정말, 학업에의 게으름을 염려하는 사회의 어른들, 학교 교사들의 체벌이, 노파심(老婆心) 때문은 아닐까? '노파심'은 '필요 이상으로 남의 일을 걱정하고 염려하는 마음'이다. 정확하게 말하면, 노파(老婆; 나이가 많은 여자)가 자식이나 손자를 애지중지(愛之重之)하는 것처럼, 다른 사람의 걱정을 지나치게 하는 마음이다. 불교에서 스님이 수행자들에게 드러내는 자비심(慈悲心)과도 상통한다. 학교 교육으로 환원하면, 교사가 학생에게 나타내는 자비의 마음이다. 학생을 깊이 사랑하고 가엾게 여기는, 그렇게 여겨 베푸는 혜택을 말한다. 체벌 기구도 그런 장치의 하나일까?

제갈량의 「계자서(誡子書)」 - 자식에게 전하는 말

2023. 1. 18. 5:40

독일 기행에서 돌아오니, 벌써 2023년 첫 달도 절반을 지났다. 다시 배움의 일상으로 돌아온다. 엊그제 16일부터 <주역반>(3기)도 개강했다. 16번째 '예(豫)'괘부터 또 이어서 고찰한다.

중년에 이른 20여 분의 수강생들이, 진지하게 반짝이는 눈빛으로 강의에 임하니, 참으로 고마울 따름이다. 동양철학(주역)은 아니지만, 여러 분야에서 석박사 학위를 취득하여 나름대로 활동해온 분들, 기업체 대표나 간부들, 또 새로운 학문을 접하기 위해 제각기 열정을 가지고 배움에 재미를 들인 분들인지라, 그냥 단순 교양 수준에서 가볍게 강의할 수가 없다. 다양한 문헌을 참고하여, 2시간의 강의를 위해 10시간 가까이 미리 독해하며 강의 준비를 하지만, 여전히 부족하다. 알지 못하는 만큼 더욱 정진하며 단련하는 수밖에 다른 방법이 없다. 물론, 강의의 모든 과정은 궁극적으로 나 자신을 위한 공부이자 단련이다. 하지만, 가르침이란 늘 두렵고 깨우침이 가득한 세계다. 벌써, 그간 강의를 녹화해 놓은 원고도 많이 쌓였다.

3기 주역반을 개강하면서, 인생이나 학문을 조금 더 돌아보기 위해, 수강생들에게 제갈량(諸葛亮, 諸葛孔明, 181~234)의 「계자서(誡子書)」, 즉 '자식에게 주는 경계의 글'을 복사하여 나눠 주었다. 다음 시간에 독해해 줄 예정이다.

어떤 학자들은 제갈량이 어린 자식에게 던지는 이 글 가운데, '담박명지(澹泊明志), 영정치원(寧靜致遠)'을 핵심 구절로 정돈하기도 한다.

'마음에 욕심을 두지 않고 담박해야 뜻을 밝힐 수 있다! 마음이 편안하고 고요해야 원대한 이상에 이를 수 있다!'

당연하다. 그러나 나는 학문(學問)을 중심에 두고, 그 다음에 나오는 구절을 보다 눈여겨 본다. 다름 아닌 '학광재(學廣才), 정성학(靜成學)'이다.

'배워야 재능을 확장하여 발현할 수 있다! 고요하게 나아가야 배움을 성취할 수 있다!'

「계자서」의 내용은 아래와 갈다. 의역을 덧붙인다.

"군자지행(君子之行), 정이수신(靜以修身), 검이양덕(儉以養德).: 교육받은 사람의 행실은, 마음이 고요한 데 나아가 몸을 닦고, 일상의 검소함으로 덕을 기른다.

비담박무이명지(非澹泊無以明志), 비영정무이치원(非寧靜無以致遠).: 마음에 욕망이 없고 깨끗하지 않으면 뜻을 밝힐 수 없고, 마음이 평안하고 고요하지 않으면 원대한 포부를 이룰 수 없다.

학수정야(學須靜也), 재수학야(才須學也).: 배움은 반드시 마음이 고요한 데서 이행해야 하고, 사람다움의 싹[재능]은 반드시 배움에서 길러가야 한다.

비학무이광재(非學無以廣才), 비정무이성학(非靜無以成學).: 배우지 않으면 사람다움의 싹[재능]을 크게 길러갈 수 없고, 마음을 고요하게 가다듬지 않으면 배움을 이룰 수 없다.

도만즉불능연정(慆慢則不能研精), 험조즉불능리성(險躁則不能理性).: 마음이 방자하고 오만하면 자세하고 깊이 있게 구명할 수 없고, 삐딱하게 거짓으로 성급하게 떠들어 대면 자신의 품성을 제대로 조절할 수 없다.

연여시치(年與時馳), 지여세거(志與歲去), 수성고락(遂成枯落).: 나이는 시간과 더불어 내달리고, 뜻은 세월과 함께 사라지며, 끝내는 마르고 야위어 죽어간다.
비탄궁려(悲嘆窮廬), 장부하급(將復何及).: 그때 가서야, 가난한 오두막집에서 슬퍼하고 탄식한들, 다시 어찌할 것인가!"

언젠가 중국 기행 도중에, 어느 누추한 골목길에서 구입해 온, 조그만 '문진(文鎭)'이 내 책상 위에 놓여 있다. 앞부분은 '영정치원(寧靜致遠)'을 크게 썼고, 뒷부분은 「계자서」를 적어 놓은 짧은 막대 모양이다. 아버지가 내게 직접 물려준 것은 아니지만, 그것이 내 인생 학문의 경계를 보조하고 있는지도 모르겠다. 그래도 긴장의 끈을 한 번 더 당길 수 있는 여유를 주는 것 같기는 하다.

그런데 나는 애비로서 자식에게 무엇을 권유했던가? 그저, '충서(忠恕)!', '자기 충실'과 '타자 배려'뿐이었다. 어릴 때부터 그랬다. 두 딸의 이름도 그런 의미를 부여해서 지었다. 그 가운데 아내가 '검소(儉素)'와 '근검절약(勤儉節約)'을 밀어 넣었다. 이에 대한 이상적 모범은 부모의 행실이고, 현실적 실천은 자식의 몫이다.

대한(大寒) 절기 - 그 차가움과 따스함

2023. 1. 20. 22:30

기상청의 예보를 바탕으로, 각종 매체는 물론이고, 아파트 안내방송에 이르기까지, 설 연휴를 지나면서, 강추위가 엄습한다고 난리다. 한겨울에 강추위가 오는 것은 우주 자연의 사실이자 진리다. 당연한 사태일 뿐이다. '대한(大寒)' 아닌가!

현대 과학 문명이 던진 '이기(利器)의 그늘'에서, 인간 사회를 중심으로 살아온 '사무적(事務的) 삶의 무지(無知)'가 '대한'의 의미를 간과하게 만들었다. 우주의 사실을 무시하거나 무관심으로 인해 자연의 진리가 묻히고, 그 질서마저도 하나의 묘비명(墓碑銘: Epitaph)으로 만들어 버린, 인간이라는, 그 유기적 통일체인 사회는, 신(神: God)보다도 초월적인 그 무엇처럼, 자연의 질서 위에 군림(君臨)하며, 독특한 무지를 드러낸다. 그렇게 인위적 문명이라는 것이, 정말 부끄러울 때가 많다.

오늘 1월 20일이, 지난해 24절기의 마지막인 대한(大寒)이다. 말 그대로, 대한(大寒)은 '큰 추위'라는 뜻을 품고 있다. 한 해를 매듭짓는 절후! 무엇을 의미하는가?

겨울 추위는 입동(立冬)에서 소설(小雪)과 대설(大雪), 동지(冬至), 그리고 소한(小寒)으로 갈수록 강해진다. 문자 그대로 보면, '소한'을 지나 대한에 이르면, 일 년 가운데 가장 춥다. 그러나 실제는 소한 무렵이 가장 추운 시기다.

대한이 지나고 새로 순환하는 절기의 첫 번째가 입춘(立春)이다. 대한 바로 다음 절기다. 올해는 보름 후인 2월 4일이 봄으로 접어드는 입춘(立春)이다. 대한은 차가움이 절정에 이르긴 하지만, 그 차가움은 이미 따스함을 품고 봄을 예비한다. 그래서 옛날부터 어른들이 말씀하셨다.

"춥지 않은 소한은 없다. 동시에 포근하지 않은 대한도 없다!"

이런 말씀도 덧붙였다.

"소한에 꽁꽁 얼었던 얼음이 대한 무렵이면 서서히 녹는다!"

곧 봄날이 온다는 말이다. '봄날이다!'

한바탕 몰아닥칠 강추위는 그런 의미다. 움츠릴 일은 결코 아니다!

섣달그믐 - 세모(歲暮)의 그리움

2023. 1. 21. 23:00

양력(陽曆)으로 새해, 2023년 1월 1일은 이미 20일 전에 맞이했다. 이제 한 시간 뒤면 음력(陰曆) 1월 1일 새해다. 옛날에는 12월 30일이라 부르기보다 '섣달그믐'이라고 했다. 한자로는 '세모(歲暮)'다.

일평생, 오늘 같은 세모를 맞아보기도 처음이다. 재작년부터 아내는 피안(彼岸)을 여행 중이다. 지난주에 만나고 왔지만, 큰딸은 독일 유학 중이고, 마침 작은딸은 미국에서 태권도 교육자 연수 중이어서 그렇다. '홀로 있음의 괴로움'보다는 '홀로 있음의 즐거움'이 앞서는 느낌이 없는 것은 아니다. 그래도 조금 쓸쓸한 시간이 흐른다. 어쩌면 그 고독한 여정이 내 인생의 전체를 휘감고 있는지도 모르겠다. 자칭 타칭 그랬듯이, 나는 언제나 '필드(field: 들판)의 독고다이(tokkoutai: 特攻隊)', 야생(野生) 그 자체다! 허허. 이번 연휴는 혼자 조용히 인생을 돌아보는 귀한 시간으로 활용할 예정이다.

삼국지의 영웅, '관운장(關雲長)'을 다룬 영화에 이런 자막이 인상 깊었던 적이 있다.

> "여몽환포영(如夢幻泡影), 여로역여전(如露亦如電): 꿈과 그림자처럼 덧없고 이슬과 번개처럼 쉽게 사라지는", 그것이 인생일지니......

양력으로 연말연초에 스승을 찾아뵙지 못해, 오늘 다녀왔다. 권우

(卷宇) 선생 묘소에는 눈이 조금 쌓여 있고, 중관(中觀) 선생 추모 공원에는 눈이 많이 녹아 있었다. 두 분 모두 저쪽 세상에서 편히 계신 듯 했다. 전통적으로 설날과 추석 명절에는 '제사(祭祀)'가 아니라 '차례(茶禮)'를 지내왔다. 이를 의식적으로 생각한 것은 아니지만, 올해부터는 '차(茶)'를 올리고 싶어졌다. 큰 이유는 없다. 권우 선생을 찾아뵐 때마다 '주(酒)-과(果)-포(脯)'를 준비했으나, 작년에 돌아가신 중관 선생께서 추모공원(납골당)에 계셔서 절하기도 마땅하지 않은지라, 그냥 선생께서 드시던 '대추쌍화차' 한 잔만 올렸다. 권우 선생 묘소에서 내려오는 길에, 오랫 만에 조그마한 돌 하나를 가져 왔다. 몇 년 전에 한두 개 가져와 연구실에 모셔두고 성찰의 계기로 삼고 있는데, 이번에 다른 색으로 하나 가져왔다. 아내의 호(號-青莪)와 내 호(遂堂)의 앞 글자를 따서, '청수사석(青遂師石)'으로 이름 붙일까 한다.

1990년대, 아내와 함께 선생께 한문 고전을 배우던 시절이 참 따스하게 느껴졌다. 그 시절에 축적된 공부는 오늘 내가 존재하는 이유이기도 하고, 삶의 의미를 찾을 수 있는 근본처이기도 하다. 그저 스승께 감사할 뿐이다. 나도 이제 환갑에 들어서서 그런가? 선생의 묘소와 추모실에서 발길이 쉬 떨어지지 않았다. 이전에 뵐 때보다 한참 동안 오래 머물렀다. 다시 내 내면에 축적할 학문의 틈새를 노려본다.

외국에 있는 딸들에게 세뱃돈을 대체하는 용돈도 보냈고, 혈육을 비롯하여 몇몇 친인척들에게 안부도 전했고, 이런 '홀로 있음의 즐거움'을 누릴 기회도 드물 것이니, 간략하게, 고향에서 올라온 '개복치' 수육에 세모주(歲暮酒) 한 잔으로 성찰을 대신한다.

아우구스티누스 고백 5 - 부모들의 이중성

2023. 1. 24. 11:40

인생에서 교육이 정말 유용한 일일까? 학문이 삶을 성숙하게 만드는 주요한 양식일 수 있을까? 아우구스티누스는 고백한다. '놀이'와 '구경'에 열중하여 학습을 게으르게 한 죄책감을 기도로 호소한다.

하나님! 저는 죄를 짓고 있었습니다! 모든 자연의 질서를 세우신 분, 창조주이신 분이여! 죄에 대해 오직 그 질서를 세우신 분이여! 나의 하나님이시여!

나는 부모와 교사들의 가르침에서 벗어나 죄를 짓고 있었다. 어떠한 의도를 지니고 있었든, 당신이 내게 가르치려던 학문은 뒷날 유용하게 쓰였기 때문이다. 내가 본분을 지키지 않은 것은 보다 나은 선택을 해서가 아니다. 그저 놀고 싶었기 때문이었다. 나는 경기에서 이겨 우쭐대기를 좋아했고, 거짓 이야기에 귀가 근질거리면 그것이 사랑스러워 더욱 강한 자극을 구하였다. 그와 동일한 호기심은 내 눈에서도 펼쳐졌다. 어른들의 오락인 극장 구경을 다니게 되었다. 그런데 배우들은 크게 존경받았고, 대부분의 부모는 자기 아이들이 배우가 되기를 바랄 정도였다. 그러나 극장 구경 때문에 공부에 방해가 되었다면, 아이가 매를 맞도록 기꺼이 받아들였다. 그들은 내심 자기 아이가 공부에 열중하면서 동시에 그러한 연기를 할 수 있기를 바라고 있었다.

하나님! 원하오니 자비로 이 모든 것을 살피소서! 이미 당신을 부르며 찾는 우리를 구해 주소서! 또한 당신을 부르지 않는 사람들도 구원하여 당신을 부르게 하시고, 당신께서 그들을 구원해 주옵소서!

놀고 싶고 우쭐대고 싶고 호기심 어린 눈망울로 세상을 구경하고 싶은 청소년기! 그것은 인간의 자연스런 욕구이자 욕망이다. 문제는 그것을 이해하는 관점과 태도다. 놀이와 구경은 제어와 조절의 대상인가? 취향에 따라 즐겨야 하는 기호에 불과한가? 선택은 자신의 몫이다. 아우구스티누스의 고백은 의미를 상기시킨다. 청소년기의 본분, 학업에서 벗어난 사실에 대해 성찰한다. 결론은 본분에 충실할 것을 요청하는 듯하다. 이유는, 하나님이 가르치려던 학문이 훗날 인생에서 유용했기 때문이다.

이 가운데 부모들이 가지고 있는 이중성(二重性)에 대한 냉정한 평가가 비판의 눈을 부릅뜨고 있다. 부모들의 욕심이 지나치다! 지금도 마찬가지다. 본분인 학업에도 충실하지 않으면서, 성공한 존재들의 여러 측면을 동시에 확보하고 싶다? 그런 엉터리가, 부모의 욕망을 자식에게 전가하는 가혹함이 문제다.

존경받는 배우들의 모습을 보며 자기 아이들도 배우가 되기를 바라면서도, 극장 구경으로 학업에 방해가 되었다면, 아이가 매를 맞아도 괜찮다? 이런 사실 앞에, 부모들은 자기 아이가 학업도 잘하고 배우로서 연기도 잘 할 수 있기를 바란다. 그것은 너무나도 자기중심적인, 비교육적 망상(妄想)이다. 공부의 입장에서 볼 때, 학업의 저주(咀呪)를 자처하는 행위다.

아우구스티누스 고백 6 – 강요당한 공부의 유용성

2023. 1. 25. 3:30

교육의 과정은 복잡하다. 크게 나누면 '자율(自律)'과 '타율(他律)/강제(强制)'가 학업 방식의 중심을 파고든다. 자율적으로 스스로 공부하는 사람도 있고 타율적으로 남으로부터 공부를 강요당하는 사람도 있다. 자율성에 심취된 사람은 자율성의 바다를 벗어나기 힘들다. 자율적 강요에 익숙한 사람도 그 타율성의 지평을 떠나기 쉽지 않다. 두 가지 가운데 어느 것이 좋은 공부법이고 효과적이며 성공적일까? 얼핏 보기에는 자율적인 공부가 최선인 듯하다. 그러나 인간의 자질과 세상의 변화 상황은 그것을 그대로 용인하지는 않는다. 때로는 자율성이 인간을 퇴보로 이끌 수도 있고, 타율적 강요가 인간을 진보로 인도할 수도 있기 때문이다.

아우구스티누스의 고백은 그런 사유에 대한 성찰을 뒷받침한다. 나의 소년 시절은 청년 시절만큼 걱정스러운 시기는 아니었다. 그 시기에 나는 공부를 좋아하지 않았다. 공부하라고 강요받는 일을 아주 싫어했다. 그런데도 나는 공부를 강요당했다. 그것은 내게 좋은 일은 아니었다. 그렇다고 해서 내가 강요당한 대로 착한 일을 실천한 것도 아니었다. 하는 일이 선(善)한 것일지라도 의지(意志)에 어긋나게 행하는 선은 선일 수 없다! 더구나 내게 선을 강요한 사람들은 결코 선을 행하지 않았다. 그것이 내게 선이었던 것은 나의 하나님, 당신에 의해서입니다!

실제로 내게 강제로 배우게 한 사실들은 풍요로운 궁핍과 명예로운 욕망을 충족시키는 데 지나지 않았다. 나는 그것을 깨닫지 못했다. 그러나 인간의 머리털까지도 모두 세고 계시는 당신은 내게 배우도록 강요한 모든 잘못을 내게 유익해지도록 사용했다. 배우지 않은 나의 잘못은 나를 벌하기 위해 사용했다. 작은 소년이면서 이렇듯 큰 죄인이었던 나는 그러한 징벌을 받아 마땅했다. 이리하여 당신은 선을 행하지 않은 사람들을 통해, 나를 위해 선을 행했다. 나 자신이 지은 죄로 내게 올바르게 되갚았다. 모든 질서를 초월한 영혼은 그 자체가 벌이 되도록 당신께서 정하셨다. 실제로 그러하다!

강요당한 공부조차도 하나님이 사용하게 만든다. 그것은 궁극적으로 공부를 긍정적 차원으로 끌어올린다. 어쩌면, 교육은 타율이나 강요를 통해 터득되고 진보를 거듭하는 자율이 아닐까?

아우구스티누스 고백 7 - 언어 공부, 자유로운 호기심

2023. 1. 26. 5:20

언어! 특히, 전혀 모르는 외국어를 배우는 일은 어렵다. 외국어로 쓰여 있는 이야기가 매우 우아함에도 불구하고, 그것을 모르는 만큼 그 책을 집었을 때는 쓴맛이 뿌려진다. 외국어를 암송하는 데는 너무나 격렬한 부담이 가해지고 학습자는 공포에 질릴 수도 있다. 거기에 잔혹한 징벌이 더해진다면, 심정이 무너진다.

어렸을 때는 외국어를 조금도 모르고, 그저 주의를 기울일 뿐이다. 아무 두려움이나 고통 없이 배우기도 한다. 아니, 오히려 아이를 달래주는 교사의 따스한 말로부터, 또 농담을 주고받으며 웃는 사람들로부터, 그리고 놀이를 즐기는 사람들로부터 배운다.

실제로 사람들의 압박을 받지 않고 외국어를 배우는 일은 참으로 중요하다. 마음에 품은 개념을 밖으로 표현하라고 강요당하고, 형식적으로 언어를 가르치는 사람들로부터가 아니라, 오히려 말을 주고받는 사람들에게서 언어를 배울 때, 그들은 또 내 생각의 청중이 되어준다.

이러한 차원에서 볼 때, 언어를 배우는 일은 무서운 강제보다 자유로운 호기심이 훨씬 효과적이다. 그것은 명백하다. 자유로운 호기심!

그러나 인간이라는 존재의 특성은 자유로운 호기심에서 자유롭지 못한 경우가 많다. 자유로운 호기심은 하나님의 법이 지배하는 원리에 도전을 받기도 한다. 교사의 체벌에서 순교자의 시련에 이르기까지 모두 하나님의 법에 따른다. 하나님의 법은 쓰디쓴 경험의 맛을 건설적인 방법으로 완화하는 힘을 지닌다. 하나님에게서 멀어지게 하는 인간의 안일하고 해로운 인생으로부터 인간을 하나님이 계신 곳으로 다시 부르시기를. 그것이 기독교가 염원하는 교육적 열망이다.

아우구스티누스 고백 8 - 교육을 향한 기도

2023. 1. 27. 7:30

하나님! 저의 간구를 들어 주소서.

저의 영혼이 훈련 아래 무너지지 않게 하소서.

제가 들어선 모든 악의 길로부터, 저를 구원한 세상의 은총을 사회 앞에 고백할 때, 제가 지치지 않게 하소서.

제가 추구한 모든 유혹이나 욕망을 초월하는 달콤함을 제게 가져다주소서.

모든 유혹으로부터 끝까지, 저를 구해 주소서.

하나님! 제가 배운 유익한 것을, 모두 인간을 위해 쓰이도록 하소서.

저의 말하는 힘, 글 쓰는 힘, 읽는 힘, 셈하는 힘까지 인간 사회에 바치게 하소서.

제가 헛된 것을 배웠을 때, 저를 깨우쳐 주시고, 제가 그 헛된 것을 배운 죄도 용서하소서.

유익한 말은 헛되지 않은 것으로부터 배울 수 있지만, 헛된 것으로부터도 많은 유익한 말을 배우게 하소서.

이런 배움이 청소년들이 걸어야 할 안전한 길임을 명심하게 하소서.

아우구스티누스 고백 9 - 어떻게 살아야 할까?①

2023. 1. 28. 5:30

세월이 이렇게 흘러갔는가! 나는 너무나 놀랐다. 열아홉 살 이후, 나는 지혜에 대한 탐구로 마음이 불타올랐다. 그 지혜만 발견한다면, 욕망에 관계되는 희망과 거짓된 기만은 모두 버리기로 결심했다. 그런데 어찌 된 일인가? 이미 서른 살이나 되었는데, 계속해서 똑같은 음탕의 늪 속에 빠져 있다니!

아우구스티누스의 자신만만한 젊은 날의 고백을 보니, 내 서른 살의 피폐했던 영혼이 다시 고개를 든다. 정신을 흩뜨리는 덧없는 현실 세계의 즐거움! 그것을 추구하며, 아우구스티누스는 이렇게 말했다.

"내일이면 그 기쁨을 발견하게 되리라. 완벽하게 분명해지리라. 반드시 파우스투스가 찾아와서 모든 것을 설명해 주리라. 아, 아카데미파 사람들은 얼마나 뛰어난 철학자들이었는가! 인생의 행동에서 어떤 문제도 확실하지 않다! 오히려 보다 열심히 탐구하여 낙담하는 일이 없도록 해야 하리라. 『바이블(Bible)』 안에서 불합리하게 생각되던 사항도 이제는 교정하여 다른 방식으로 이해할 수가 있다. 명백한 진리가 발견될 때까지, 나는 어린 시절에 부모가 세워 준 입장을 굳게 지키리라. 그러나 진리는 어디서, 언제 구해야 하는가? 암브로시우스에게는 시간이 없고, 우리에게는 읽을 시간이 없다. 우리는 책을 어디서 찾아야 하는가? 어디에서 언제 입수해야 하는가? 누구에게서 빌려야 하는가? 시간을 쪼개, 영혼의 구원을 위해 시간을 할당했으면 좋겠지만, 큰 희망이 우리에게 나타났다.
가톨릭 신앙은, 인간이 잘못 생각하여 근거 없이 비난하던 바를 전혀 가르치지 않는다. 가톨릭 신학자들은 하나님이 인간의 형상으로 한정되어 있다고 믿는 일을 불경(不敬)하다고 생각한다. 더구나 인간은 다른 진리까지 분명히 밝히기 위해, 왜, 문 두드리기를 주저하고 있는가?
오전 시간은 학생들에게 빼앗겨 여가가 없다. 하지만, 나머지 시간에는 무엇을 하고 있는가? 어찌하여 우리는 그 작업에 착수하지 않는가? 나를 후원해 줄 영향력 있는 친구들은 언제쯤 방문할까? 학생들이 대가를 지불하는 강의내용을 언제쯤 준비할까? 걱정과 긴장에 시달린 이 마음에, 언제나 새로운 활력을 줄 것인가?"

아우구스티누스 고백 10 - 어떻게 살아야 할까?②

2023. 1. 29. 11:10

아우구스티누스의 고백은, 다시, 더욱 당차게 이어진다.

"모든 생각을 없애라! 이 모든 하찮고 헛된 야망(野望)은 내버려 두고, 오로지 진리(眞理) 탐구에 전념하리라. 삶은 비참하고 죽음은 정해진 때가 없다. 죽음이 갑작스럽게 엄습해 올 때, 어떤 상태로 이 세상을 떠나려는가? 자신이 나태(懶怠)하여 배우지 못한 지식(知識)들을 어디서 배우려는가? 그 게으름에 대한 벌(罰)은 받아야 할 것 아닌가? 또한, 죽음 그 자체가, 정신을 몰살시킴으로써 온갖 걱정들을 끝낸다면, 어떠한가? 이런 부분도 면밀히 탐구해야 하지 않겠는가?

그러나 죽음이 정말 그러하겠는가? 그럴 리 없다! 그 일은 잊자. 기독교 신앙, 그 위대한 세력이 온 세상에 전파되었다는 사실은, 결코 무의미한 일이 아니다. 육신의 죽음과 더불어 영혼의 생명도 죽는다면, 신(神)께서 인간을 위해, 모든 것의 질과 양을 제각기 달리 지니도록 만들어 놓았을 리가 없다! 그렇다면 왜, 인간은 이 세상의 속된 희망을 버리고, 하나님과 행복한 생활을 탐구하는데, 인간의 모든 것을 전적으로 바치기를 주저하는가?"

참 복잡한 사고가 뇌리(腦裏)를 스친다. 생각, 야망, 진리 탐구, 삶과 죽음, 게으름, 벌, 이런 복잡한 사유에 묻힌 젊은 열정은 어디에 머물러야 하는가? 교육이 그런 사태를 감당할 수 있을까?

아우구스티누스 고백 11 - 어떻게 살아야 할까?③

2023. 1. 30. 11:10

공자(孔子)는 '삼십이립(三十而立)'이라고 했다. 여기서 '립(立: 서다)'에 관한 해석은 보는 관점에 따라 다양하게 내놓을 수 있겠지만, 그것은 일반적으로 삶의 '독립(獨立)'이나 '자각(自覺)', 어른으로서 상식적인 윤리 도덕성의 확보와 연관이 된다.

그런데 아우구스티누스의 고백은 이와 다소 거리가 있어 보인다. 그것이 기독교 성직자로서의 특성을 발휘하는 고백이어서인지, 신앙의 특징 때문인지는 잘 모르겠다. 하지만 그의 고백에 상응하는 인생이 스며들어 있는 것은 분명하다. 그의 누추한 듯한 반성적 인생이, 오히려 그의 생애를 아름답게 수놓은 교육이 아닐까?

"서두르지 말라! 세속적 성공에는 즐겁고 독특한 감미로움이 있다. 그러나 그 자체의 달콤함은 없다. 그들을 겉으로만 보고 가볍게 잘라버려서는 안 된다. 세속적 성공을 경솔하게 버린 후, 다시 그런 성공으로 돌아가려는 자세는 부끄러워해야 할 사안이다. 실제로 높은 자리를 차지하려고 시도해보는 것도 대단한 일이다. 이 세상에서 그 이상 무엇을 더 바라겠는가?

주변에 권력을 가진 친구들도 적지 않다. 권력만을 추구했다면, 도지사와 같은 높은 자리를 차지할 수도 있다. 그렇게만 된다면, 생활이 수월해질 만큼 많은 돈을 가진 집안의 여성을 아내로 맞이할 수도 있다. 이런 것이 우리 욕망(欲望)의 한계다! 모범으로 삼을 만한, 저 위인들도, 결혼과 지혜의 탐구를 결합하는 데 몸을 바쳤다!"

세속(世俗) 일을 '아름다움'으로 표현한다면, 저런 것일까? 세속의 여러 사태를 인정해야 한다면, 어디까지 허용되는 걸까? 그 기준은 누가 정하는가? 자연스럽게 형성되어 내부로부터 터득(攄得)하는 차원인가? 교육을 통해 외부로부터 획득(獲得)하는 측면인가?

환갑 '생일(生日)' 소회(素懷)

2023. 1. 31. 12:20

양력으로 60회 생일이다. 지간(支干)이 한 바퀴 순환했으니 '회갑(回甲)' 또는 '환갑(還甲)'을 맞았다. 엊그제까지 −20도를 오르내리던 '대한(大寒)' 추위가, 언제 그랬냐는 듯, 너무나 포근한 날이다. 봄날처럼 느껴진다.

아침 일찍 내무군주가 묻힌 갈월공원 '청아송원(青莪松園)'으로 향했다. 송원은 고요하다. 차분함을 더한 채, 맑고 시원한 공기와 청명한 하늘, 눈부신 햇살을 즐긴다. 군주는 여전히 피안(彼岸)에서 여행을 즐기고 있겠지! 내 삶의 데미안인 내무군주와 따스한 캐러멜마키아토 한 잔을 나눠 먹었다.

어제 저녁에는, 수운회관 <주역 특강>이 끝날 무렵, 몇몇 제자들이 찾아왔다. 별도로 환갑 생일을 기념하지 않고, 함께 밥 먹는 것도 거부하다 보니, 도망갈 수 없는 특강 시간을 이용하여, 들이닥친 듯하다. 제자들은 환갑 기념으로 꽃 한 다발과 케이크 하나를 안겨 주었다. 가까운 선술집-'막회'-에 모여 간단하게 막걸리 한잔을 나눴다. 모두 열심히 연구하여 학문이 더욱 성숙하기를 소망할 뿐이다.

집으로 오는 길엔 독일과 미국에서 공부 중인, 딸들과 대화했다. 제자들이 찍어 준 생일 꽃다발과 케이크가 담긴 사진 몇 장을 보내며, 서로를 확인했다. 건강하다는 것 자체만으로 안심이다.

이런 차안(此岸)의 삶이 내 생명의 시공간을 따스하게 만든다. '모든 일이 감사하다!'라는 생각이 마음에 가득 담긴다. 어쩌면, 의미 있게 감사하는 인생이야말로 행복 아닐까?

환갑 생일을 맞아, 평소의 생각이 상기(想起)되었다. '생일(生日: birthday)'은 일반적으로 '태어난 날'을 뜻한다. 하지만 나는 몇몇 이유로, 그런 생일을 꼬박꼬박 챙기며 기념하지는 못했다. 그래서인지, 생일을 다른 의미로 규정하며 살아왔다.

생일은 '생명(生命)의 날(life's day)'이다. 한 해에 한 번, 특별한 날, '태어난 날'로 기념하는 그런 하루가 아니다. 생일은 '생기(生氣)'를 불어넣는 날이다. 저 중천(中天)의 해로 자라날 양(陽)의 기운이 뻗어 나오고, 별이 들기 시작하는, 생명 약동(生命 躍動)의 일상일 뿐이다. 그렇지 않다면, 적어도 일상을 생기 있는 나날로 채우려는 노력을 화두(話頭) 삼아, 반성적 생(反省的 生)을 영위할 따름이다.

오늘도 그렇게 감사하고 고마운 하루다. 피안과 차안, 온 세상이 이렇게 훌륭하고, 또 저렇게 아름답다. 생명의 시공간이 주어진다는 사실 자체가 거룩하고 기쁘고 즐겁다.

다시, 우주의, 보이건 보이지 않건, 모든 존재들에게 고마운 마음을 전한다. 청아송원 입구의 철쭉 잎사귀는 연둣빛 싹을 내밀며, 벌써 봄을 속삭인다. 그렇게 회갑이라는 생명의 날을 내무군주와 즐겨본다.

생각 없이 말만 많은 광인(狂人)의 나라, 그 씁쓸한 위기

2023. 2. 1. 10:30

올해도 벌써 한 달이 지나고, 2월이 시작되었다. 2~3일 뒤엔 '입춘(立春)'이다. 봄이 오는 소리, 그 생명의 약동만큼 긍정적 소리가 많이 들려오면 좋겠다. 그런데 어느 외국 기자가 한국을 떠나면서, 우리나라 사람의 일상을 압축한 언표가 씁쓸함을 더한다. 그것이 피상적 인상에 그치기를 기대한다. 하지만 그것이 사실이라면, 그대로가 아니라 그 반대의 삶이기를 고대(苦待)하며, 핵심을 기록해 준다. 성찰의 기회로 삼자! 교육의 필요성으로 기억하자!

외국인 기자는 비꼬았다.
"한국 사회는 세 가지에 미쳐 있다! 한 가지는 없고 한 가지는 있다!"

세 가지에 미쳐 있다는 한국 사회는 '광인(狂人)'의 나라일까? 그럼 우리는 매일 광인일기(狂人日記)를 쓰고 있는 것인가? 이 세 가지는, 우리 자신도 이미 간파하고 있다. 그러나 대처 없이, 대책 없이, 어떤 대안도 고민하지 않은 채, 그냥 그렇게 흘러간다.

그 첫째는 '스마트폰'이고, 둘째는 '공짜 돈'이며, 셋째는 '트로트'다. 스마트폰에 빠져 있으니 '독서'나 '대화'가 없다.

스마트폰의 즉각적 반응과 게임 같은 재미에 매몰되니, 깊이 고민하고 기획해야 하는 삶이 사라졌다. 스마트폰을 비롯한 첨단 기기 문명이 삶의 패러다임을 전환하는 데 기여했다. 그러나 그것은 삶의 약(藥)이 아니라 독(毒)이 되는 듯한 사회 분위기를 연출했다.

공짜 돈에 취해 있으니 일하려는 마음이 없다. 가만히 있어도 정부가 먼저 나서서 '복지(福祉)'라는 미명하에 공짜 돈을 퍼준다. 그야말로 마구 퍼준다! 국민[시민]의 의견을 대변하며 국민을 중시하는 정치 활동은 접어두고, 국민을 일하게 만들려는 생각보다 대중을 전면에 내세우고, 그들의 지지만을 좇아가는 '대중영합주의(大衆迎合主義)'에 빠져 있다. 이른바 '포퓰리즘(populism)'식 퍼주기에 익숙하다. 공짜로 주지 않으면 대중들이 화를 내는 시간이 더욱 길고 깊어진다!

트로트에 중독되어 있으니, 인생의 희로애락(喜怒哀樂)을 충분히 고려하여 일상을 정돈하지 않는다. 현실에서 흥청거리기만 하고 미래를 설계하지 않는다. 노는 것 자체가 나쁘다는 말이 아니다. 일하지 않고 빈둥거리며, 삶의 존재 이유를 고민하지 않는 저 무개념의 일탈이 서글픈 것이다. '이 순간을 즐기자!'라는 말이 악(惡)의 함정으로 추락한다.

이런 광인의 나라로 취급된 근본 이유가 무엇일까? 다시, 『로마제국쇠망사』를 비롯하여, 찬란한 문명을 지상에 선보였던 수많은 국가가 왜 쇠망했는지, 그 원인을 살펴보아야 하는 시기인가?

그리고 한 가지는 분명하게 없고, 다른 한 가지는 명확하게 있다! 이 간단명료한 혹평(酷評)은 또 무엇인가?

여기서 '없는 것 한 가지'는 '생각'이다. 한국 사람들에게는 진지하고 신중하고 합리적인 생각이 없다. 이게 뭐냐? 아무 생각 없이, 마구잡이로, 제 감정대로, 자의적으로 생각하고 판단한다는 말이다. 긍정적으로 표현하면 '제멋대로 사는' 인생이다. 그것은 부정적으로 말하면, 사회성의 결여다.

'있는 것 한 가지'는 '말'이다. 단지, 근거 없이 떠돌아다니는 수준의, 의미가 탈색된 '말'이 횡행할 뿐이다! 가짜 뉴스가 판치고, 그러다가 아니면 말고? 이 무슨 유기견(遺棄犬)들이 짖어대는 것 같은, 막말 시리즈인가? 당(唐)나라 군대 같은 오합지졸(烏合之卒)인가!

생각이 없으니 인생을 헤쳐 나갈 방법을 모르고, 말로만 떠들어 대고 행동하지 않으니 일이 제대로 수행되지 않는다. 지금 당장, 이 '나락(那落)'과 '무사(無思)'와 '유언무행(有言無行)'을 경계하지 않으면, 한국 사회는 진보와 풍요를 향해 나아가려는 희망이 더 이상 자리할 수 없다. 허물어지기 쉽다. 미리 그 반대를 요청하고 실천하자! 나부터.

스마트폰을 비롯한 첨단 기기를 필요에 따라 적당히 사용하고, 주어진 임무와 본분에 따른 사명을 자각하고 열심히 일해서 돈 벌고, 트로트로 상징되는 음주가무(飮酒歌舞)의 넘쳐나는 놀이 문화도 상황에 맞추어 적절히 즐기자!

어떤 일이건, 신중하고 진지하게 생각하며 합리적인 삶을 고민하자! 말로만 사람을 현혹하지 말고 실제 행동으로 개인적-사회적 문제 상황을 처리해 나가자!

무엇보다도, '나토(NATO: No Action Talks Only)'를 경계하라!

이 외국인 기자의 신랄한 비판은 어디에 기인하는 걸까? 교육 학습으로 예방(豫防)해야 할 과제(課제)인가? 정치, 경제, 사회 곳곳의 고질병을 치료(治療)하고 치유(治愈)해야 할 숙제(宿題)인가?

아우구스티누스 고백 12 – 어떻게 살아야 할까?④

2023. 2. 2. 5:10

바람의 방향이 이리저리 바뀌며, 내 마음을 여기저기로 쫓아버리고 있는 동안, 시간은 흘러간다. 내 삶의 방향을 정돈하기를 주저하며, 의미 있는 삶을 하루하루 미루고 있다. 그러나 인생의 하루하루를 나 자신의 죽음에서 미룰 수는 없다.

나는 행복한 인생을 소망하며, 동시에 그 행복이 있는 자리가 두려워, 다시 그 행복을 찾는 시늉을 하며 달음질친다. 이성이 포옹해주는 따스함을 빼앗긴다면, 참으로 비참한 일 아닌가? 하지만 그 허약함을 고쳐 주는, 인생을 향한 노력이라는 양약(良藥)에 대해 생각하지 않는다. 왜냐? 그 약을 복용해 보지 않았기 때문이다.

나는 절제(節制)가 나의 힘에 의한 것이라 믿고 있다. 그러나 아직 나에게는 그런 힘이 없다고 생각한다. 정말 그럴까?

교육을 통해 획득되는 힘이 아니라면, 욕망을 절제할 수 없지 않을까? 내 마음의 신음(呻吟)으로 교육의 문을 두드리고, 견고한 노력으로 온전하게 교육에 임한다면, 절제가 획득되지 않을까?

입춘대길(立春大吉), 건양다경(建陽多慶)

2023. 2. 4. 10:10

2023년 '입춘(立春)'이다. 그런데 기온은 영하(零下)를 오르내린다. 절기(節氣)상으로는 봄에 들어서는 새해의 첫 번째 절기지만, 현실의 자연 운행은 아직도 겨울이다. 대신, 지난해 겨울이 닫히는 시절임에는 분명하다. 자연의 섭리에 따라 시간이 걸리겠지만, 올해의 봄이 오고 있는 것은 명확하다.

'입춘'을 설명하고 있는 『세시풍속사전』을 찾아보니, 자세하게 풀이되어 있다. 문제는 21세기 현실의 언어와는 완전히 다른 세계를 보여주고 있어 이해하기 어렵다. 이제 그런 시대인가 보다! 언제인지 분명하지 않으나 아주 오랜 고대 사회에, 인간이 '입춘'으로 정해 놓은 문화, 그 우주 자연은 현실을 운행하고 있다. 그런데 그것을 이어받은 현재의 인간 사회 문화는 그것을 인식하지 못한다. 거의 정지 상태다. 그것이 시공(時空)의 간극(間隙)인가! 『세시풍속사전』의 기록 가운데 몇 구절을 정돈해 본다.

입춘은 새해의 첫째 절기다. 때문에, 농경 사회에서는 농경의례(農耕儀禮)와 관련된 행사가 많다. 입춘이 되면, 도시나 시골을 막론하고 각 가정에서는, 복을 비는 기복(祈福) 행사로 '입춘축(立春祝)'을 대문이나 문설주에 붙인다. 입춘축을 '춘축(春祝)' 또는 '입춘서(立春書)'라고도 하고, '입춘방(立春榜)'이나 '춘방(春榜)'이라고도 한다. 입춘축의 경우, 글씨를 쓸 줄 아는 사람은 자기가 써서 붙인다. 글씨를 쓸 줄 모르는 사람은 남에게 부탁하여 써서 붙이기도 한다. 입춘이 드는 시각에 맞추어 붙이면 좋다고 하여 밤중에 붙이기도 한다. 하지만 상중(喪中)에 있는 집에서는 써 붙이지 않는다.

입춘축은 대개 정해져 있는데, 여러 가지가 있다. 요즘도 제법 사용하고 있고, 사람들에게 익숙한 것은 '입춘대길(立春大吉) 건양다경(建陽多慶)'이다. 그 외에 '국태민안(國泰民安) 가급인족(家給人足)', '개문만복래(開門萬福來) 소지황금출(掃地黃金出)' 등도 많이 붙인다.

이 모두는 입춘을 맞아 좋은 일이 많아지기를 소망하는 기원의 글이다. 간단하게 문자 그대로 설명하면, '입춘대길(立春大吉) 건양다경(建陽多慶)'은 봄이 시작되어 크게 운이 트이고 경사스러운 일이 많아지기를 기원한다는 의미다. 자연의 현실을 인간의 이상으로 삼고 싶다는 보편적 염원을 담고 있다.

'국태민안(國泰民安) 가급인족(家給人足)'은 나라가 태평하고 국민이 평안하며, 집집마다 넉넉하기를 바란다는 뜻이다. 국가 사회라는 공동체의 안정을 통해 개인의 복지를 열망하는 정치적 지향이다.

'개문만복래(開門萬福來) 소지황금출(掃地黃金出)'은 문을 열어 온갖 복이 들어오게 하고, 땅을 쓸어 황금이 나오게 한다는 말이다. 인간 사회의 분위기가 개방적이면서 여유롭기를, 또는 개인의 삶이 행복하고 제각기 하는 일들이 순조롭게 이루어지기를 희구하는 사람의 마음을 드러낸다.

정월대보름

2023. 2. 5. 22:10

음력으로 1월 15일. 정월대보름날이다. '정월(正月)'은 한 해를 시작하는 기준 달, 1월이다. 해[日]가 아니라, 달[月]을 중심으로, 지구(地球)와의 순환 주기를 보고 정한 시간이다. 새해 첫 보름달이 떠오르는 만큼, 옛날부터 인간은 그 현상에 큰 의미를 부여했던 것 같다.

'보름'은 한자로 '망(望)'이다. 음력(陰曆)으로 매월 15일이다. '망'은 '바라다, 기다리다, 기대하다, 그리다' 등, 달이 차오를 때까지 15일간의 우주 여정(旅程)을 뜻한다. 지구에서 달이 잘 보이지 않는 캄캄한 '그믐'에서 15일간의 바람과 기다림 끝에 차오르는 저 밝은 환희가 '보름'이다. 그러기에 보름은 광명(光明) 자체이자, 광명(廣明)을 통해 이룬 광명(光名)이다.

'대보름'에서 '보름'은 15일간의 여정을 거쳐 '둥글게 꽉 찼다!'라는 말이다. '대보름'은 정월 첫 번째 보름으로, 올해 '보름'의 기준이 되는, 달의 모델이자 뻗어나가는 기운이 가장 크게 잠재된 가능성의 의미를 담으며, '대(大)자'를 앞에 붙였다.

중국을 비롯한 동아시아 각국의 정월은 옛날부터 시간 차를 조금씩 달리했다. 지금이야 특별한 경우를 제외하고, 전 세계적으로 양력(陽曆)을 쓰고 있으니, 새해맞이도 양력 1월 1일, 같은 날 이루어진다. 하지만 옛날에 문화권마다 다양한 달력을 사용하던 시기에는 새해 첫날도 다른 날이 많았다.

중국 삼대(三代: 夏, 殷, 周)의 경우, 하정월(夏正月)은 현재 달력으로 계산하면 1월이고, 은정월(殷正月)은 12월, 주정월(周正月)은 11월 무렵에 해당한다. 동일하지는 않지만, 현재 우리는 거의 반만 년 전, 우(禹)임금이 세운 하나라의 책력(冊曆)을 쓰고 있다! 이 첨단과학기술문명의 시대에 재미나지 않은가!

어린 시절에는, 보름 무렵이 되면, 오곡밥에 갖가지 나물을 먹고, 윷놀이, 연날리기, 팽이치기, 쥐불놀이 등등을 하며, 벗들과 즐겼다. 이젠 아련한 추억으로만 남았다!

내무군주가 차안(此岸)에 함께 있을 때는, 오곡밥에 나물을 꼬박꼬박 먹었고, 둥근 달이 차오를 때, 창밖을 보며 함께 소원을 빌었다. 이제는 그것도 마감되었다. 참 그리운 시절이 그렇게 지나갔다.

어쨌건, 오늘 정월대보름 달은 어느 때보다 '맑다', '곱다', '은은하다' 그 달빛이 나를, 친구를, 그리고 세상을 밝힌다. 수진·서진 두 딸을 비롯한 우리 가족은 물론, 이 사회를 함께 살아가는 사람들이, 건강하게, 저 보름달처럼 둥글고 알찬 한 해이기를, 행복한 시간이기를, 소망한다.

다만, 스위스의 성자(聖者) 카를 힐티의 고민처럼,

"행복(幸福)은 사냥꾼처럼 쫓는다고
반드시 잡을 수 있는 것이 아니다!
용기(勇氣)와 체념(諦念; 體念)으로
맞서 싸워야만 한다!"

나 자신부터, 저 보름달 가운데 '용기'와 '체념'을 가득 담아, 새로운 마음을 열어가자. 맞서 싸워야 할 존재가 버티고 있다면, 그것이 어떤 대상이건, 맞서 싸워야 한다! 그래야 행복이 손에 잡힌다.

아우구스티누스 고백 13 – 악(惡)의 기원①-자유의지

2023. 2. 6. 5:30

교육은 '선(善)을 지향'한다. '악(惡)을 선(善)으로 전환하는 과정이다!' 이런 표현을 쓰면 정당할까? 얼핏 보면, 그런 것 같다. 그런데 교육에서 다루는 내용 자체가 악(惡)을 유발할 수 있는 사안이라면, 어떻게 대응해야 할까?

30대 초반의 아우구스티누스는 악(惡)의 원인을 고심했다. 일상생활에서 드러나는 인간의 악은 어디서 나오는 것일까? 그는 고민에 고민을 거듭했다.

'악(惡)을 탐구하는 나 자신이 악이 될지도 모른다!' 그렇다고 할지라도 모든 불안을 떨치고 용감하게 악의 원인을 탐구하자. 대신 악의(惡意)에 가득 차 있어서는 곤란하다.

아우구스티누스는 생각했다. '자유의지(自由意志)'에 의한 자유로운 선택이야말로 악을 행하는 원인이 아닐까? 하나님이 내리는 정의의 심판이야말로 인간이 악으로부터 피해를 겪는 원인이다! 인간은 자신이 살아있다는 사실을 알고 있듯이, 의지를 지니고 있다는 이 확실한 사실이 인지한다. 때문에, 내가 무엇을 원하거나 원하지 않을 때, 타인이 아닌 나 자신이 원하거나 원하지 않는다는 사실을 분명히 알고 있다. 그런 자유의지가 나 자신에게 죄를 안겨다 주는 원인이다!

내가 원하지 않는 일을 행할 때, 나는 적극적이라기보다 수동적으로 된다. 그것은 죄가 아니라 벌이다. 기독교의 시선에서 이해하면, 그런 이해는 간단하게 해소된다.

"누가 나를 만들었는가? 그것은 오직 선한 분일 뿐 아니라 선 그 자체이신 나의 하나님이 아닌가? 그렇다면 어찌하여 나는 악을 원하고 선을 원하지 않는가? 내가 당연한 벌을 받아야 하는 이유는 무엇인가? 나는 완전한 하나님에 의해 만들어졌는데, 누가 이러한 것을 내 속에 옮겨 고난의 어린나무를 심었는가? 이 일을 행하는 자가 악마라고 한다면, 그 악마는 어디에서 왔는가? 천사는 온전히 창조주가 만들었다고 하는데, 어찌하여 악마 자체도 그의 사악한 의지 때문에 선한 천사에서 악마가 되었다고 하는가?"

교육의 사명이 무엇이기에, 이렇게도 무거운 짐을 지게 하는가? 마음을 억누르고 몸을 무겁게 만드는가!

아우구스티누스 고백 14 - 악(惡)의 기원②-물질적 존재의 유혹과 공포

2023. 2. 7. 9:30

아우구스티누스는 고민을 거듭하며 악(惡)의 원인을 탐구했다. 하지만, 탐구 방법이 옳지 않았기 때문에, 그는 탐구에서 악을 제대로 보지 못했다고 고백했다. 그리고 그는 영혼(靈魂)의 눈앞에 피조물 전체를 배치했다.

먼저, 인간이 볼 수 있는 땅, 바다, 공기, 별, 나무, 이외에도 죽게 될 생물들을 앞에 놓았다. 동시에 인간이 볼 수 없는 천사(天使)나 영적(靈的)인 것들처럼 하늘의 영원한 존재들을 앞에 놓았다. 아우구스티누스는 이러한 영원한 존재들도 물질적이라고 상상했다. 하나님이 창조한 전체 세계를 단 하나로 이루어진 거대한 물질의 덩어리로 인식했던 것이다. 그 덩어리는 여러 가지 형체들의 복합체이고, 이 형체들은 각각 구별할 수 있다. 그 과정에서 실제로 물체인 것도 있었지만 영적 영역에 속하는데도 그는 물질적으로 잘못 생각하기도 했다. 거대한 물질의 덩어리는 너무나 크다고 하면서도, 그 크기를 알 수 없었다. 때문에, 실제 크기가 아니라 그가 임의로 생각한 크기였다. 더구나 그것은 어떤 방면에서건, 모든 방향에서 한정된 그런 크기였다.

그러나 아우구스티누스는 하나님 앞에서 생각했다. '하나님은 그 물질의 모든 부분을 에워싸고 침투하면서, 어느 방향에서도 무한한 분이시다!' 바다가, 어디로 가도 끝이 없고, 온갖 방향에 무한하면서도, 단 하나의 바다이듯이 말이다. 바다는 아무리 크더라도 유한한 해면(海面)이 있고, 이 해면이 모든 부분을 통하여 끝없는 바닷물로 차 있다. 이처럼 하나님의 유한한 피조물들은 무한한 하나님에 의해 채워져 있다. 그리하여 그는 다음과 같이 말했다.

"하나님이 어떤 분인지 보라. 하나님이 창조한 피조물이 어떠한지 보라. 하나님은 선하다. 모든 피조물과는 비교할 수 없을 만큼 뛰어나다. 하나님은 선하기 때문에 오직 선한 존재만을 창조했다. 하나님이 어떻게 그 모든 창조물을 돌보고 그들을 채우는지 보라. 그렇다면 악은 어디에 존재하며, 어디에서 그곳으로 스며드는가? 악의 근원은 무엇인가? 그 씨앗은 무엇인가? 그보다도 악은 전혀 존재하지 않는가? 전혀 존재하지 않는다면, 인간은 왜 그 악을 두려워하거나 피하는가? 인간이 이유도 없는데 두려워한다면, 이렇듯 공연히 마음을 자극하고 학대하는 공포야말로 악이다. 그리고 두려워해야 할 대상물이 존재하지 않는데도 두려워하기 때문에 더욱더 큰 악이다. 그래서 우리가 두려워하는 악이 존재하든가, 아니면 두려워한다는 자세 자체가 악이 된다.

그렇다면 선한 하나님이 모든 존재를 선으로 만들었는데, 악은 어디서 생기는가? 무엇보다도 큰 선이며 최고인 선이 보다 덜한 선도 만들었지만, 창조주도 피조물도 모두 틀림없이 선하다. 그렇다면 악은 어디서 생길까? 그보다도 하나님이 모든 존재를 창조한 재료 가운데 일부는 악이었는가? 하나님이 그 악을 형성하고 배열했으나 악의 요소들 가운데 한 가지 요소만은 선으로 옮겨질 수 없도록 거기에 남겨놓은 것인가? 그렇게 했다면 그 까닭은 무엇인가? 왜 하나님은 전지전능한 분이면서도 그 악의 재료가 하나도 남지 않도록 하지 않았는가? 모두 선으로 바꿀 힘이 없었는가?

마지막으로, 왜 하나님은 만물을 만들 때, 자신의 전능한 힘으로 완전히 비물질적 존재를 만들지 않고 물질로 만들었는가? 어떤 사물이 하나님의 뜻에 어긋나게 존재할 수 있었을까? 또한 물질이 영원하다면, 왜 하나님은 과거에 그렇듯 오랫동안 물질을 제멋대로인 상태에 있도록 두었다가, 그때에야 비로소 그것으로부터 무엇인가를 만들려고 했을까? 하나님께서 갑자기 무슨 일을 하려고 했다면, 전능한 하나님은 오히려 그 물질을 전혀 존재하지 않게 하여, 오로지 그 자신만이 진실되고 최고이며 무한한 선이 되게 했어야 하지 않는가? 하나님은 자신이 선인데, 하나님이 만든 것이 선이 아니라면, 왜 하나님은 악한 근본 성질을 제거한 뒤 스스로 선한 성질을 만들어, 그 뒤에 만물을 창조하지 않았는가? 하나님 자신이 만들어 내지 않은 물질의 도움으로만 그 어떤 좋은 사물을 만들어 낼 수 있다면, 하나님은 전능자가 아니지 않은가?"

아우구스티누스는 이러한 사실들을 마음속으로 고민하며, 진리를 발견하기 전까지는 죽음을 두려워하여 크나큰 괴로움 속에 빠져 있었다. 그러나 가톨릭교회에 전해지는 하나님이며 구주인 그리스도의 신앙은 그 마음속에 깊이 뿌리 내리고 있었다. 그 많은 신앙은 여러 차원에서 아직 모양이 정비되지 않았고, 교훈의 규범에서 벗어나 있었다. 그러나 그의 영혼은 그것을 내버리지 않고 날마다 더욱더 기독교 신앙을 들이마셨다.

아우구스티누스 고백 15 - 악(惡)의 기원③-의지의 배반

2023. 2. 8. 6:10

교육을 논의할 때, '건전한 정신(sound mind)'을 언급하는 경우가 많다. 그것은 교육이 지닌 성격이자 정신성의 상태를 의미한다. 아우구스티누스는 '건전한 정신은 어떤 피조물에 대해서도 불만을 느끼지 않는 것'으로 이해한다. 달리 말하면, 존재에 대해 불만을 느끼는 사람은 '건전하지 못하다!'

어쩌면 세상을 '삐딱하게 대하는' 인간 자체가 건전하지 못한 상태인 것은 아닐까? 인간의 영혼은 '빛과 어둠', '선과 악', 이런 양상의 두 실체를 생각하기 쉽다. 인간은 왜, 이분법적 사유를 통해 마음의 만족을 찾지 못하고, 안정 상태에 들어서지 못하는 걸까? 영혼으로 포용하지 못하고 불만으로 가득할까? 어쩌면 인간의 특성이 이러할지도 모르겠다. 그것이 악(惡)인가?

다시, 저 피조물을 보라! 기독교에서는 하나님이 세계를 창조했기에, 그 외의 여러 종교나 일반적인 인간의 인식에서 조금씩 차이는 있지만, 모든 피조물은 신으로 말미암아 존재한다! 그러기에 그것은 신 안에서 유한한 존재다. 그 존재는 공간 속에 있듯이 한정되어 있지 않다. 어떤 특별한 방법으로 한정되어 있다. 왜냐하면, 신이 '진리(眞理)의 손'으로 보호하고 있기 때문이다.

그런 점에서 세상에 존재하는 모든 사물은, 그것이 존재하는 한 '참'이다. 거짓은 그 어떤 존재도 아니다. 존재하지 않는 것을 존재로 생각한다면, 그것은 거짓이다. 모든 존재는 그것이 자리하는 공간에도 적합하고, 그것이 자리하는 시간에도 적합하다. 신이 과거나 미래를 가져오지 않는다면, 모든 시대를 통해, 과거와 미래는 모두 지나가 버리지도 않고 오지도 않는다. 신이 영원히 머무르지 않는다면 말이다. 존재하는 모든 사물은 참이기 때문에 악은 존재의 실체가 아니다. 그렇다면 무엇인가? 다시, 그것은 어디에서 기인하는가? 미리 말하면, 인간이 지향하는 '의지(意志)의 배반(背叛)'에서 생겨난다.

건강한 사람의 입에는 빵의 맛이 달다. 그러나 병든 자의 입에는 빵의 맛이 쓰다. 건강한 사람의 눈에는 빛이 즐겁고 상쾌하지만 병든 자의 눈에는 그 빛이 괴롭고 침체의 위기로 다가온다. 이런 사실은 조금도 이상스러울 것이 없다. 불의(不義)한 자에게는 세상의 정의(正義) 조차도 불쾌하게 마련이다. 불의란 무엇일까? 더구나 교육이 불의를 배척하고 정의를 추구한다고 했을 때, 불의를 어떻게 다루어야 할까? 불의는 실체가 아니다. 불의는 인간 자신의 사유와 행위 문제다. 불의는 인간이 스스로 인간다움이라는 존재에서 몸을 비틀고 빠져나와 비천한 사물로 스며들 때 발생한다. 자신의 내면이 지향하는 정의로운 삶을 거절하고, 외부의 물질적 향락에 빠지는, '의지의 배반'이다. 그것이 악의 기원이고, 악의 중심축을 형성한다.

여기에서 교육은, 정의를 향한 내면의 지향을 똑바로 보게 만드는, '내적 깨달음'으로 정돈된다. 대신, 외부의 물질적 향락에 빠지는 의지의 배반을 경계해야 한다.

아우구스티누스 고백 16 - 영혼에 깃든 활력

2023. 2. 9. 6:20

인간을 두 가지 요소로 나누어 볼 때, 그것은 크게 '정신(精神: mind: spirit: soul)'과 '육체(肉體: body: physical)'라는 개념으로 정돈된다. 정신은 '마음'이나 '영혼(靈魂)'으로, 육체는 '몸'과 '신체(身體)'로 표현하기도 한다. 그리고 신체의 중요성이 부각되기 전까지, 전통적으로 정신을 육체보다 우위에 놓고 논의하는 경우도 많았다.

그렇다면, 영혼이 무엇이기에, 교육적으로 어떤 의미가 있기에, 그런 양상이 지속되었을까? 아우구스티누스의 견해를 참고할 만하다. 세상의 존재에 대해 더욱 기쁨을 느끼게 해주는 영혼 안의 요소는 무엇일까?

일상생활에서 순간순간 그 기쁨의 증거들은 다음과 같이 외치고 있다.

"이것이 바로 영혼에 깃든 활력(活力: vitality: energy)이다!"

개선장군도 싸우지 않았으면 승리를 차지하지 못했으리라! 전투의 위험이 크면 클수록 승리의 기쁨도 크다. 항해(航海) 중에 폭풍우를 만나 난파(難破) 직전에 있는 배 위의 사람들은 모두, 죽음이 닥쳤음을 보고 새파랗게 질린다. 그러나 폭풍우에 휩싸인 바다가 잔잔해지면, 공포가 컸던 만큼, 사람들이 느끼는 안심의 기쁨도 크다.

절친한 친구가 병이 깊어 가고, 맥박이 생명의 위험을 알리고 있다면, 그의 회복을 바라는 사람은 모두 병의 상태에 따라 고통을 함께 앓기 마련이다. 친구가 병에서 회복되었으나 예전처럼 힘차게 걷지는 못할지라도, 그 기쁨은 그가 이전에 건강하고 힘차게 걸었을 때는 느끼지 못했던 정도로, 너무나 크다.

인생의 쾌락(快樂)도 마찬가지다. 그 쾌락은, 생각지 않게, 의지와는 반대로 내려지는 고통(苦痛)에 의해서만이 아니라, 스스로 만든 고난(苦難)에 의해서도 얻어진다. 굶주림과 목마름의 고통을 느끼지 못한다면, 먹고 마시는 쾌락은 존재할 수 없다! 술을 즐겨 마시는 사람은 짠 안주(按酒)를 먹는다. 그것은 그들의 열정을 불편하게 만들기 위해서다. 술을 마시면서 점점 열정이 식을 때, 비로소 즐거운 취기의 감흥을 느끼게 마련이다. 또한, 약혼을 한 신부는 즉시 신랑에게 시집가지 못하도록 정해져 있다. 이는 신랑이 신부를 기다리지 않는다면, 남편 될 사람이 아내를 가볍게 대할 염려가 있기 때문이다.

이런 사실들은 더럽고 부끄러운 쾌락에서도 마찬가지다. 올바르다고 허용된 쾌락에서도 그러하다. 순수하고 성실한 우정에서도, '죽었다가 다시 살아나고, 잃었다가 찾은', 어떤 존재의 경우에도 그렇다. 무슨 일이건, 보다 큰 기쁨 앞에는 언제나 보다 큰 수고가 있기 마련이다.

교육은, 그런 수고를 이해하고 예비하고 처리하는, 삶의 거대하고도 복합적인 사업이 아닐까?

아우구스티누스 고백 17 – 존재의 한계, 교육의 자리

2023. 2. 10. 5:20

큰 기쁨 앞에 큰 수고가 있다! 그 이유가 무엇일까? 세계의 이 낮은 부분에 진보와 퇴보가 자리하고, 적대(敵對)와 화해(和諧)의 교체가 있는 까닭은 대체 무엇일까? 만물의 질서인가? 만물의 한계인가?

가장 높은 하늘에서 가장 낮은 땅에 이르기까지, 세상의 첫째 날에서 마지막 날에 이르기까지, 귀한 천사에서 천한 벌레에 이르기까지, 최초의 운동에서 최후의 운동에 이르기까지, 모든 존재가 지닌 한계인가?

온갖 종류의 선(善)과 모든 정의(正義)를, 알맞은 곳에 두고, 알맞은 때에 실천하려는 의지인가?

교육은 어디에 서야 하는가?

아우구스티누스 고백 18 – 감각 판단의 이성

2023. 2. 11. 5:10

교육은 이성과 감성 사이에서 시소게임을 한다. 진지한 사고는 이성적 판단을 분명하게 만들고, 즉각적 느낌은 감성을 풍부하게 쌓는데 도움을 주기도 한다. 이성이건 감성이건, 그 감각은 아름다움과 직결될 때, 더욱 밝게 빛을 발산한다. 그런 점에서 세상의 아름다움은 건전한 존재들과 분명하게 감각적으로 맞닿아야 한다.

그런데, 왜, 아름다움은 모든 존재를 향해 동일한 양상으로 말을 걸지 않는 걸까? 큰 동물이건 작은 동물이건, 모두 동일한 아름다움을 본다. 하지만, 그들은 그 아름다움에 대해 물을 수는 없다. 그들에게는 감각에 의해 전달된, 여러 가지를 보고 들으며 판단하는 이성이 없기 때문이다.

일반 동물과 달리 인간은 다르다. 이유는 간단하다. 인간은 질문할 수 있는 존재이기에, 보이지 않는 성질조차도, 의문을 해명하는 과정을 통해, '볼 수 있다!' 그러나 인간은 신의 피조물, 그 물질의 세계를 너무나 사랑한다. 그런 나머지 물질의 노예가 되어 오히려 복종하게 되었다. 이 복종의 세계에서, 인간은 바르게 판단할 수 없다. 물질에 대해 끊임없이 질문한다고 해도, 질문하는 사람이 바르게 판단하는 존재가 아니라면, 그 질문에 대해 대답하기 어렵다.

또한 어떤 사람은 단지 볼 뿐이고, 또 어떤 사람은 보고 그것에 대해 질문할 수 있는 경우에도, 물질은 그 음성, 곧 그 형태의 아름다움을 변화시키는 일이 없다. 물질은 두 유형의 사람 모두에게 동일하게 보이지만, 전자에 대해서는 침묵하고 후자에 대해서는 언표한다. 모든 것에 관해 말해주더라도, 외부에서 받은 음성을 내부에서 진리와 비교하고 합쳐서 통할(統轄)하는 사람만이 그 음성을 이해한다.

감각 판단의 역할과 질문하는 인간 사이에 묘한 간극(間隙)이 보인다. 교육이 질문할 수 있는 존재로서 물질에 복종하지 않는 인간 양성을 보장할 수 있을까? 사유는 교육의 시간 너머 어느 언덕에 머물고, 물질은 언덕의 뒤편에서 인간을 유혹한다.

아우구스티누스 고백 19 - 기억의 힘①

2023. 2. 12. 06:10

신이 인간에게 부여한 의미심장한 능력 두 가지가 있다. 하나는 '기억(記憶: memory: remembrance)'이고 다른 하나는 '망각(忘却: oblivion: obscurity)'이다. 나는 이 둘을 '신의 축복'이라 부른다. 그런데 특별한 경우를 제외하고, 한 인간이 모든 사안을 기억하거나 모든 사안을 망각할 수는 없다. 교육은 그런 기억과 망각 사이에서 삶의 건전한 지속을 도모할 뿐이다.

그렇다면, 교육이라는 이름을 앞에 두고, 나는 기억의 들판에서 어떻게 처신하고 있을까? 기억의 들판! 그 광활한 대지에는, 감각을 통해 인식된 여러 사물의 무수한 영상이 간직된다. 그것은 인간이라는 존재의 보물창고다. 그 창고에는 내가 생각하는 것은 무엇이든 들어 있다. 거기에는 크게, 또는 작게, 그 이외에 다양한 방식으로, 그 무엇을 변화시키는 가공법(加工法)이 감각으로 표출된다. 때로는 이와 반대되거나 망각에 묻혀버리지 않은 존재들이 저장되어 있다.

어쩌면 교육은 보물창고 속의 존재를 다루기 위한 사업이다. 내가 보물창고로 들어가 필요한 사물을 찾을 때, 어떤 사물은 즉시 가져올 수 있다. 어떤 사물은 겨우 찾아내어 멀리 있는 창고에서 운반해오듯이 가져오는 것도 있다. 또 어떤 사물은, 내가 다른 것을 찾고 있는데도 무리를 지어 성급히 한가운데로 뛰어나오며, '당신이 찾는 물건이 이것 아닌가요?'라고 덤벼들 듯, 존재를 과시하기도 한다.

어떤 상황이건, 나는 보물창고의 어떤 존재들을, 마음의 손으로, 생각의 얼굴 앞에서 쫓아버린다. 그렇게 판단하고 선별하는 가운데, 마침내, 내가 구하는 사물이 모습을 나타낸다. 숨었던 곳에서 밝은 곳으로 나오는 순간이다. 어떤 사물은 내가 구하는 사물과 함께 정연히 줄을 지어 나타날 수도 있다.

내가 추구하는 사물을 찾아 나설 때, 다시 나타날 존재들은 모두, 내가 기억을 통해 무엇을 말할 때 생긴다. 기억의 힘이 이렇게 위대하다. 그 힘은 연찬(研鑽)의 지속에서 생긴다.

아우구스티누스 고백 20 - 기억의 힘②

2023. 2. 13. 05:30

교육에서 반복되는 학습은 기억을 다시 생각하게 만든다. 학습 효과로서의 기억은, 분명하고, 상세하게, 기억들을 보관한다! 일반적 범주 내에서 침투한 인식들과 그 침투 과정까지도 날날이 저장한다.

예를 들면, 눈을 통해 색깔과 물체의 형태가 들어온다. 귀를 통해서는 온갖 종류의 소리가, 코를 통해서는 향기가 들어온다. 그리고 입을 통해서는 다양한 맛이 들어온다. 온몸에 걸친 감각을 통해서는, 신체 안에 있든 밖에 있든, 무엇이 단단하고 무엇이 부드러운가? 무엇이 뜨겁고 무엇이 차가운가? 무엇이 미끄럽고 무엇이 껄끄러운가? 무엇이 무겁고 무엇이 가벼운가? 이런 사안을 지각하게 된다.

이 모든 기억은, 내 기억의 광대한 '골방'과 말할 수 없이 많은 비밀의 '모퉁이들'과 '틈새들'에 수용되어, 필요에 따라, 다시 불러 끄집어 낼 수 있다. 그 기억들은 모두 각각의 문으로 들어가 거기 간직되어 있다. 그러나 그 기억은 '사물 자체'가 들어오는 것이 아니다. 단지 지각된 '사물의 영상'이, 그 기억하는 사람의 생각에 떠오르도록, 준비된 것에 불과하다!

어떤 감각이 모든 영상을 포착하여 내용으로 수용한 것은 분명하다. 그러나 그 모든 영상이 어떻게 만들어졌는지는 그 누구도 설명할 수 없다. 인간은 어둠과 침묵의 한가운데 있을 때도, 기억 속에서 바라는 대로 색깔을 꺼내, 흰색과 검은색, 또는 그 밖의 좋은 색을 감각적으로 구별할 수 있다. 인간이 눈으로 지각한 존재를 생각할 경우에도, 소리를 내어 방해하는 일은 없다. 소리 또한 기억 속에 있지만 특별히 저장된 것처럼 숨어 있어 보이지 않는다. 사실, 소리도 불러내고 싶을 때, 부르면 즉시 나온다. 인간은 혀와 목청을 움직이지 않고도 생각대로 노래할 수 있다. 먼저의 색깔 영상은 계속해서 거기 있으나 귀를 통해 흘러들어온 소리를 가진 다른 보물을 제치려 하거나 방해하지는 않는다. 마찬가지로 다른 감각에 의해 운반되어 겹겹이 싸인 영상도 인간은 마음대로 생각해낼 수 있다. 실제로 냄새를 맡지 않고도 백합의 향기와 오랑캐꽃의 향기를 구별할 수 있다. 포도즙보다 벌꿀을 좋아하고, 껄끄러움보다 매끄러움을 좋아할 수도 있다. 이는 맛을 보아서가 아니다. 또한 껄끄러움이나 매끄러움에 손을 대어 보아서 하는 게 아니라 그저 기억해 낼 뿐이다.

아우구스티누스 고백 21 – 기억의 힘③

2023. 2. 14. 05:20

기억하는 일! 그것은 나의 내부, 곧 내 기억의 방대한 거실에서 행해진다!

거기에는 하늘도 땅도 바다도, 내가 이들을 통해 지각할 수 있는 모든 사물과 더불어, 단지 내가 망각한 것을 제외하고는 모두 준비되어 있다. 그래서 나는 나 자신과 만나, 내가 언제 어디서 무엇을 했는지, 그 일을 했을 때 어떤 기분이었는지를 생각해낼 수 있다.

거기에는 내가 경험한 모든 것이 타인에게서 전해 들은 내용과 더불어 존재한다. 나는 이 동일한 저장물 가운데서 나 자신이 경험한 기억, 또는 내가 나 자신의 경험에 기초하여 타인의 말을 믿었던 온갖 영상을 꺼내 보고, 그들을 과거의 기억 또는 영상과 결부시키면서, 미래의 행위와 사건과 희망을 생각한다. 그리하여 미래의 행동과 사건과 희망에 대해 이성적 추리를 하고, 다시 또 모든 현재의 일들을 생각한다.

이와 같이 영상들로 충만 되어 있는 내 마음의 광대한 방에서, 이렇게 혼잣말을 한다.

> ‘아! 이러이러한 일이 저러했으면 좋겠다! 오 하나님, 이러이러한 일이 생기지 않게 하소서!’

이와 같이 말할 때, 내가 말하는 모든 것의 영상들은, 내 기억의 동일한 보물창고 안에서 나타난다. 이렇게 기억은 교육이라는 사업의 중심을 휘감는다.

아우구스티누스 고백 22 - 기억의 힘④

2023. 2. 15. 06:30

기억의 힘은 정말 거대하다! 쉽게 헤아려 알 수 없을 만큼, 심연(深淵)이다. 누가 그 심연의 바닥까지 찾아 밝힐 수 있을까? 물론, 이 힘은 나의 능력이다. 그러므로 내 본성 깊숙한 곳에 자리한다.

그런데 나는, 이 '나'라는 존재의 전체를 포착할 수 없다! 내 마음이 너무 좁아서 그것을 포착하지 못하는가? 그렇다면 마음이 자신 속에서 포착할 수 없는 곳은 어디에 있는가? 마음 바깥에 있으며 마음 안쪽에는 없는가? 마음 안에 있다면, 왜, 그것을 포착할 수 없는가?

이런 생각에 잠길 때, 나는 거센 경이감에 사로잡혀 깜짝 놀란다. 보통 사람들은 밖에 나가 산악의 높은 봉우리와 바다의 큰 물결, 하천의 거대한 물줄기, 대양의 광막함, 별들의 운행에 경탄하면서도, 정작 자신의 일에 대해서는 주의하지 않는다. 사람들은 내가 이런 자연의 사물에 대해 말할 때, 그 사물 모두를 눈으로 직접 보고 이야기하는 것은 아니라는 사실에 경탄하지도 않는다.

나는 직접 본 적이 있는 산, 바다, 강, 별들, 그리고 다른 사람에게서 말로만 들었던 대양을, 외계에서 보는 것과 완전히 동일한 광대함으로 내 기억의 내부에서 보지 않는 한, 그들에 대해 말할 수 없다. 더구나 나는 그 광경들을 눈으로 보았을 때, 그 사물들을 눈으로 흡수해 들인 것이 아니고, 또한 그 실제 사물들이 나에게 있지도 않으며, 단지 그들의 영상만이 존재한다. 그러기에 나는 신체의 어느 감각을 통해, 사물이 내 마음에 각인되었는지를 알 뿐이다.

기억이 힘이란 이런 것이다. 그것이 교육의 내용은 아니지만, 교육을 추동하는 위대한 기준으로 다가설 때가 있다.

아우구스티누스 고백 23 – 기억의 힘⑤

2023. 2. 16. 05:00

기억은 교육을 넘어 학문으로 이어진다. 학문에 관한 기억은 사물에 관한 기억에 비해 훨씬 강렬하다. 내 기억 속의 헤아릴 수 없는 포용력! 그것이 간직하고 있는 존재는 우주에서 활동하는 모든 생명력 가운데 모습을 감춘다.

나는 학문을 통해, 배워서 잊지 않은 사물들도, 간직하고 있다. 그것은 깊은 곳에 밀려나 있는 것 같지만, 그곳은 어떤 구체적 장소가 아니다. 이 경우, 그 영상보다는 그 기술 자체를 간직한다. 예를 들면, '문학이란 무엇인가? 역사란? 철학이란? 과학이란 무엇인가?'와 같이, 몇몇 의문들, 내가 이에 대해 알고 있는 모든 사실은, 내 기억 속에 저장되어 특별한 방식으로 존재한다. 그 영상만이 포착되고 사물 자체는 밖으로 방치되는 방법으로 간직되지 않는다.

소리는 한번 들리고 사라져버리지만 귀를 통해 그 흔적을 남긴다. 이미 들리지 않는데도 계속 들리는 것처럼 생각되기도 한다. 학문의 기억 방식은 이런 소리와는 다르다. 또 향기가 감돌며 공중으로 흩어지면 후각을 자극하여 기억 속에 그 영상을 새긴다. 그 향기는 기억하여 다시 냄새를 맡을 수 있다. 학문은 이 향기의 경우와도 다르다. 또한 음식물은 한번 목으로 넘어가면 더 이상 맛볼 수 없다. 그러나 그 뒷맛은 기억 속에 계속 남는다.

신체적 감촉(感觸)을 통해 지각되는 존재가 나에게서 멀리 떨어져 있을 때도 마찬가지다. 그것은 기억을 통해 영상으로 남는다. 그렇지만 이 기억 방식도 학문의 경우와 다르다. 이 감각의 대상들은 모두 그 자체가 기억 속에 옮겨지지 않고, 단지 그 영상들이 놀라운 속도로 포착된다.

학문의 기억은 그 힘이 다르다. 밀실과 같은 곳에 간직되어, 신기한 방법으로, 기억이 그들을 다시 생산해낸다. 사물의 영상을 새기는 데 그치지 않고, 생산하는 작용으로 이행될 때, 교육은 생명력을 더한다.

아우구스티누스 고백 24 – 기억의 힘⑥

2023. 2. 17. 05:10

다시, 기억의 힘은 위대하다! 기억 속에는 감각(感覺: sense)으로 터득할 수 없는 지식이 있다.

세 가지 종류의 물음을 던져본다. 첫째, '그것이 있는가?', 둘째, '그것은 무엇인가?', 셋째, '그것은 어떻게 있는가?' 이런 말을 들을 때, 어떤가? 나는 이 말들이 이루는 음성의 영상을 마음에 간직한다. 그러나 그 음성은 내가 알고 있는 대로 소리 나는 동시에 공중으로 사라져버리기 때문에 이내 존재하지 않는다. 나는 이 음성을 통해 상징되는 관념들을 수용한다.

그런데 이 관념들은, 신체의 어떤 감각을 통해 도달한 적이 없다. 또한 내 마음 바깥 어디서도 본 일이 없다. 나는 그 음성을 통한 상징의 관념들을, 내 기억 속에, 그들의 영상이 아니라 실제 관념 자체를 받아들이고 있다. 그들이 어떻게 내 속에 들어왔는지, 그들이 설명할 수 있다면 설명하게 하라! 사실, 내 신체의 문(門)을 조사해 보아도, 그들이 들어올 만한 문을 발견할 수 없다.

내 눈은 이렇게 말한다. '그들에게 색깔이 있다면, 우리가 알려주었을 것이다!'

내 귀는 이렇게 말한다. '그들에게 소리가 있다면, 우리가 알려주었을 것이다!'

내 코는 이렇게 말한다. '그들에게 향기가 있다면, 그것이 우리를 통과하여 마음으로 들어갔을 것이다!'

내 혀는 이렇게 말한다. '미각은 맛에 관한 것이 아니고는 알지 못한다!'

내 촉각은 이렇게 말한다. '울퉁불퉁한 것이 아니면 닿지 않고, 닿지 않으면 마음으로 안내될 수 없다!'

그렇다면 이들은 어디에서 어떤 길을 거쳐 내 기억 속에 들어왔는가? 나는 그 원인을 알지 못한다. 내가 그들을 터득했을 때는, 타인의 말을 신뢰하기보다 내가 인식하는 즉시 진실하다고 인정하여, 필요할 때 끄집어낼 수 있도록, 나의 마음속에 보관을 의뢰했다. 때문에, 그들은 내가 배우기 이전에 이미 세상에 존재했지만, 그때는 내 기억 속에 있지 않았다. 그렇다면 그 색깔과 소리, 향기와 맛 등은 언제 공식화를 거쳤을까? 어떤 방법으로, 왜 나는 그들을 인정했을까? 그 대답은, 그들이 이미 기억 속에 있었으나 '가장 비밀스런 동굴 속'에 있듯이, 저 뒤쪽으로 멀리 밀려나 있어, 누군가가 그 색깔이나 소리나 향기나 맛에 주목하여, 감각으로 이끌어 주지 않았다면, 나는 그들을 사고할 수 없었으리라!

아우구스티누스 고백 25 - 기억의 힘⑦

2023. 2. 18. 05:00

인간은 자신이 바라보는 영상을 자기 감각을 통해 수용하지 않는다. 영상 없이 그들의 개념 자체에 의해, 그들을 있는 그대로, 내적으로 지각하게 마련이다. 그 인식의 가공법은 이러하다. 기억 속에 무질서하고 난잡하게 있던 관념들을, 사고의 과정을 통해 모으고, 주의를 쏟아 정리하고, 그때까지 흩어져 있어 돌봐지지 않고 숨겨져 있거나 무시되고 있던 관념들을 질서 있게 정돈하여, 기억 안의 가까운 곳에 간직한다. 그러면 이 정리·정돈된 관념들이 마음에 낯이 익어 쉽게 떠오른다.

아우구스티누스는 고백한다. '내 기억이 이런 종류들을 얼마나 많이 간직하고 있는지 모른다고.'

그들은 이미 발견되어 내 마음 가까운 곳에 놓여 있다. 우리는 그들을 배워 알고 있다고 말한다. 그러나 한순간이라도 생각하는 일을 게으르게 하면, 그것은 다시 묻혀 깊숙한 안방에 모습을 감추고 만다. 때문에, 다시 같은 곳으로부터, 새로운 것처럼 새삼 생각해내지 않으면 안 된다. 그들이 깃들어 있는 곳이 달리 없기 때문이다.

그것을 알기 위해서는 모두를 한 곳으로 가져와야 한다. 흩어진 상태를 모아야만 한다. 인간이 '생각한다'라는 의미는 다름 아닌 이런 것이다.

'모두를 한 곳으로 가져와, 깊이 생각하라!' 생각은 '나는 ~을 한다'라는 의미에 '뒤흔들다' 또는 '나는 만든다'라는 뜻이 보태져, '나는 빈

번하게 만든다!'라는 언표로 드러난다. 그런데도 마음은 '깊이 생각한다!'라는 동사를 완전히 마음의 영역으로만 생각한다. 다른 곳이 아니라 마음속에서 강제적으로 모아지는 일이다. 그것은 다시 모아진 대상을 엄밀하게 말하는 작업이다.

아우구스티누스 고백 26 - 기억의 힘⑧

2023. 2. 19. 05:00

배움의 문제와 직결되는, 아우구스티누스의 기억에 관한 고백은 긴 여운을 남긴다. 수(數)와 연장(延長), 그것들의 개념과 법칙의 기억에 관한 사유도 마찬가지다. 아우구스티누스는 강조한다.

기억은 수와 부피에 관한 무수한 원리 및 법칙도 포함하고 있다. 그 원리와 법칙들 가운데 어떤 것도 신체의 감각을 통해 기억에 새겨지지는 않는다. 그것은 색깔도 소리도 향기도 맛도 없고, 또한 만질 수도 없기 때문이다.

수와 부피의 원리와 법칙에 관해 얘기할 때, 그것을 나타내는 언어를 음성으로 들은 적은 있으나, 그 음성과 원리는 별개다. 음성은 그리스어일 때와 라틴어일 때가 서로 다르다. 수의 원리는 그리스어나 라틴어나 또한 그 밖의 언어도 아니다. 설계사가 그린 거미줄과 같은 가는 선을 보라. 설계사가 그린 선은 순수한 수학적 선과는 전혀 다르다. 왜냐하면 수학적 선은 신체의 눈이 내게 보이는 그대로의 선과 그 의미가 다르기 때문이다. 사람들은 어떤 종류의 물리적 선을 생각하지 않고도 수학적 선을 안다. 자신의 내부에서 그 선들을 인식한다. 인간은 신체의 모든 감각을 근거로 계산을 하는 데 사용하는 수들을 안다. 그러나 이 수는 인간이 수학적으로 생각할 수 있는 수와 다르다. 또한 정신적 개념으로서 수의 형상과도 다르다. 이 인간 내부의 수는 진정으로 존재물의 왕국에 개입한다. 정신적인 수 자체가 존재함을 알지 못하는 사람은 이런 발언 자체를 비웃겠지만, 그런 사람에게는 유감을 느낀다.

다시, 내 생(生)의 데미안(Demian)을 가슴에 품고

2023. 2. 21. 09:20

1919년, 1차 세계대전이 끝난 직후, 헤르만 헤세는 『데미안』을 발표했다. 100여 년 전의 일이다. 헤세는 그 '머리말'의 첫 구절에서, 혼신의 성찰을 거친 것처럼, 힘을 모아, 말한다.

> "내 속에서 솟아 나오려는 것, 바로 그것을, 나는 살아 보려고 했다. 그런데 그것이 왜, 그토록 어려웠을까."

오늘은, 내 인생의 데미안, 내무군주께서 피안(彼岸)으로 여행을 떠난 지, 꼭 2년이 되는 날이다. 기념일처럼 정해진 시간 속에, 속살을 파고드는 그리움은, 왜 그렇게, 더욱 사무치는 걸까? 함께 했던 생애와 사진들을 보니, 또다시, 하염없이 눈물이 흐른다. 코로나 상황으로, 작은딸 혼자 임종(臨終)을 지켰으나 나와 큰딸은 그러지 못해, 평생의 한(恨)으로 남았다. 병상에서 '가족이 있어 행복하다!'라며 가느다랗게 웃던 모습과 '큰딸이 보고 싶다'며 짧게 내쉬던 한숨이, 더욱 슬픔을 더한다. 이제는, 나의 데미안이 피안으로 떠가기 며칠 전에 부탁한 말을 깊이 성찰하며, 실천할 일들만이 내 앞에 서 있다.

"우리 두 딸과 잘 살아야 해!"
"당신 학문 연구도 게을리 하지 말고, 기획 잘 하고!"

이 두 마디 말은 내 삶의 사명으로 남았다. 병상에 함께 있을 때는 손을 꼭 잡고 숨 죽여 울었지만, 이제는 피안(彼岸) 데미안이 지켜보는 따스한 눈길을 따라, 차안(此岸)에서 우리 가족의 생(生)에 활력(活力)을 불어넣는다.

헤세는 다시, 고백 같은 명구를 쏟아낸다.

> "개개인의 인간은 그 자신일 뿐만 아니라, 일회적이고 매우 특별한, 어떤 경우라도 중요하고 주목할 존재다. 세상의 여러 현상은, 이 지점에서, 오직 한 번 서로 교차하며, 결코, 되풀이 되지 않는다. 그러므로 각자의 이야기는 중요하고 영원하며 신성하다! …… 나 자신을 깨달은 자라고 일컬어서는 안 된다. 나는 끝없이 무언가를 헤매는 구도자였고, 여전히 그러하다. 하지만 더 이상 별자리 점을 보거나 책을 읽으며 답을 구하지 않는다. 나는 내 몸속의 피가 속삭이는 가르침에 귀 기울이기 시작했다. …… 한 사람 한 사람의 삶은 자기 자신을 향해 가는 길이다. 그것은 그 길을 가려는 시도인 동시에 끊임없이 이어지는 그 좁은 길 자체를 암시한다. 일찍이 완전히 자기 자신이 되어 본 사람은, 아무도 없다. 그럼에도 누구나, 자기 자신이 되려고 노력한다. 어떤 사람은 서투르게, 어떤 사람은 보다 현명하게 노력하며, 각자 나름대로 최선을 다한다. …… 그 하나하나는 인간이 되라는 마음을 담은 자연이 던진 주사위다!"

아내가 쉬고 있는 곳, 갈월공원의 송원에서 평소 함께 마시던 따스한 커피 한 잔 해야겠다.

아래 사진은, 1980년대, 아내가 타이완과 홍콩에서 석사 및 박사과정 유학을 할 때, 쓰던 책갈피다. 젊은 시절, 윤동주 시인의 <서시>처럼 살고 싶은 마음을 담았으리라. 황색 종이에 마른 단풍잎 두 개를 붙여 글을 쓰고, 아스테이지로 코팅하여 빳빳하게 만들었다.

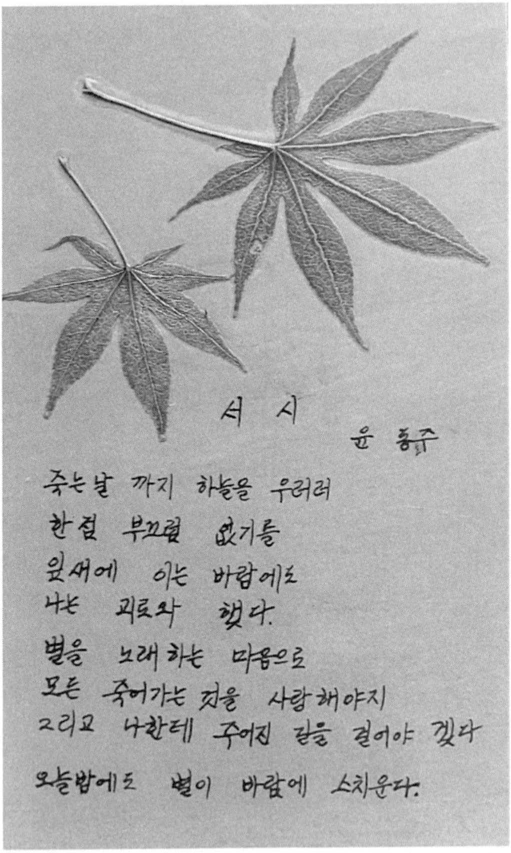

아우구스티누스 고백 27 – 망각의 의의

2023. 2. 26. 05:00

2월 22일~25일까지 4일간 일본의 '나라–교토–오사카' 기행을 다녀왔다. 일본의 문화를 다시 보고, 예전과 다른 충격에 휩싸였다. 3세기에 만들어진 고분의 규모가 길이 480여 미터라니, 놀랍기만 하다. 뿐만이 아니다. 호류지(法隆寺)를 비롯하여 몇몇 사찰에 담긴 불교 문명, 그리고 메이지천황 릉(陵)에서 느껴지는 그들의 유신(維新)이 무엇을 말하고 있는지, 엄중한 경고로 들린다. 경외(敬畏)의 시간이었다.

인간의 마음에 기억(記憶)이 있다면 망각(忘却)도 있다. 두 가지는 상반된 듯한 이미지로 내 속을 파고든다. 하지만, 아우구스티누스는 훨씬 깊이 있는 대화를 시도한다.

내가 망각을 언급할 때, 나는 말하는 대상을 유사하게만 이해하고 있다. 망각하여 기억이 없어졌다면, 어떻게 그 대상을 인식할 수 있겠는가? 여기서 강조하려는 것은, 말이 지닌 명칭의 음성에 대해서가 아니다. 그 대상이 의미하는 사물에 대해서다. 내가 음성의 힘을 잊고 있다면, 나는 그 대상을 전혀 이해할 수 없다. 그러므로 내가 기억을 떠올릴 때, 기억은 기억 자체를 통해 사용할 수 있다. 그러나 망각을 떠올릴 경우, 기억과 망각은 공존한다! 기억은 내가 떠올릴 수 있는 것에 의해 존재하며, 망각은 한때 내가 기억했던 것이다. 망각은 기억의 결여다. 그것이 아니라면 무엇이겠는가? 망각이 현존하면 기억할 수 없다. 그런데도 내가 기억하는 것은 어째서인가?

인간은 기억에 있는 것을 기억한다. 망각을 다시 부를 수 없다면, 인간은 어떤 말을 듣고 그 말이 의미하는 사물을 인식할 수 없다. 그러므로 망각도 분명히 내 기억 안에 간직되어 있다. 망각이 기억 속에 이미 있기 때문에, 어떤 사람이 나에게 망각하도록 강요할 때, 그 사람이 망각하게 만들고 있음을 잊지 않을 수 있다.

그보다도 이 일로 미루어 볼 때, 망각이 기억에 내재하는 것이 아니라, 그 영상에 의해 내재한다는 사실을 어떻게 이해해야 할까? 망각이 그 자체로 현존한다면, 인간은 기억이 아니라 망각을 낳는다. 누가 이 문제를 해명할 수 있을까? 망각과 기억의 사이에서, 무엇이 진행되고 있는지, 누가 파악할 수 있을까?

이런 문제는 하늘의 경계를 정하려는 것이 아니다. 별과 별 사이의 거리를 측량하려는 것도 아니다. 땅의 무게를 찾고 있는 것도 아니다!

기억하는 주체는 나 자신이다. 마음으로서 나 자신이다. 나 자신이 아니라면, 내게서 멀리 떨어져 있다 하더라도 놀랍지 않다. 나 자신보다 내게 더 가까운 것이 무엇이 있을까? 기억의 힘이 없어, 내가 자신에 대해 아무것도 말할 수 없을 때, 참으로 내 기억의 힘은 내가 이해하지 못하는 그 무엇이다. 내가 망각했던 일을 분명히 기억해 낼 때, 내가 무엇을 말할 수 있을까? 이 기억이 내 기억 속에 존재하지 않는다고 해야 할까? 그보다도 망각했던 일은 내가 잊지 않기 위해, 내 기억 속에 존재한다고 해야 할까? 이 모두가 아주 불합리하다.

그렇다면 제3의 길이 있는가? 내가 망각했던 일을 기억할 때, 망각 그 자체가 아니라 망각의 영상을 내 기억 속에 간직한다고 할 수 있는가? 그렇다면 기억 속에 어떤 대상의 영상이 새겨지려면, 먼저 그 대상 자체가 존재해야 할 필요가 있다. 그 영상에 대한 인상이 떠올려질 수 있다고 할 때, 우리는 어떻게 설명할 수 있을까? 교육이 이를 뒷받침하고, 설명할 수 있는가?

아우구스티누스 고백 28 – 허영과 도취

2023. 2. 28. 05:30

인간은 가난(艱難)하고 궁핍(窮乏)할까? 진정으로 '나는 가난하고 궁핍합니다!'라고 고백할 수 있는 사람이 얼마나 될까?

물질적이건 정신적이건 가난과 궁핍의 문제는 인간의 숙제이자 과제다. 그 가난과 궁핍이 채워진다면, 교만한 사람의 눈에는 보이지 않는 평화에 도달하게 될 것이다.

그러나 입에서 나오는 말과 사람들에게 알려지는 행위에는, 칭찬을 사랑하는 마음 때문에 생기는 매우 위험한 유혹이 따라다닌다. 이 욕망으로 인해 인간은 자신의 우월성을 확립하기 위한 타인의 칭찬을 구걸한다. 이러한 유혹에 대해, 내가 거절할 때, 이 또한 유혹이다. 내가 비난한다는 사실 때문에 그것은 유혹이 되는 원인을 제공한다. 때로는 허영심에 대한 경멸이 한층 심한 허영심의 근원이 되기도 한다. 인간이 경멸할 만한 일을 자랑으로 여길 때, 그 일은 비난받지 않기 때문이다.

이처럼 인생에서 '허영'과 '자기도취'는 최대의 위험이다.

인간의 마음에는 다양한 종류의 유혹에 속하는 악(惡)이 자리하고 있다. 그 악은 타인을 기쁘게 하지 않거나 타인을 불쾌하게 만든다. 타인이 기쁠 수 있도록 노력하지 않는다. 자기에게 만족하며 흥청거리는 사람들을 공허하게 만드는 악이다. 이러한 악을 어떻게 처리할 수 있는가? 그것이 교육의 문제 아니겠는가!

2월의 마지막 날, 아우구스티누스의 『고백록』도 이쯤에서 마무리 짓는다. 중요한 얘기들이 많으나 모두 제대로 살펴보지 못했다. 그의 고백에 서린 양심이, 교육을 건전하게 만드는 영혼이기를 소망한다.

3월부터는 다시, 『주역(周易)』 산책을 조금 이어가다가, 이후에는 화이트헤드 저작의 결정판으로 볼 수 있는 『사고의 양태』를 독해하려고 한다.

엊그제 안동 시우실에 집이 완성되었다. 3월부터는 집안과 논밭 정리 정돈, 이사 등등으로 조금 바빠질 것 같다. 남양주와 안동을 왔다 갔다 해야 하고, 어떤 생활이 펼쳐질지 아직은 점치기 힘들다. 무엇보다 이 『잡기』를 제대로 쓸 수 있을지 고민이다. 그래도 시간이 허용하는 대로 써두려고 한다.

『주역』 산책 50 – 허중하현(虛中下賢); 마음을 비우고 낮출 때

2023. 3. 1. 5:20

『교육철학잡기』 5권을 보니, 『주역산책』이 49회까지 정돈되어 있다. 이번이 50회째다. 3.1절에 다시 이어 나가면서, 가장 먼저, 마음을 비우는 자세로 고민해 본다. 『주역』「대유(大有)」괘의 세 번째 효(九三)를 풀이하는 주희의 『본의(本義)』에 다음과 같은 짤막한 말이 내면을 움직인다.

"허중하현(虛中下賢)!–마음을 비우고 현자에게 낮추시라!"

'대유(大有)'라는 언표가 상징하듯이, 가진 것이 많을 때, 어떤 교육적 처방이 필요한가? 자본주의적 영업 논리라면 끊임없는 부(富)의 축적을 지향할 것이다. 자본주의적 가치 윤리를 고려한다면 부의 축적과 더불어 가난한 존재들에 대한 시혜나 배려를 고민할 것이다. 교육은 어디에서 자리를 찾아야 할까? 그 대답이 선행되지 않는다면, 교육은 자신의 길을 분명하게 설정하기 힘들다.

마음을 비우는 작업은 부의 축적과 반대편에 있는 듯하다. 그러나 그 마음이 어떤 마음인지 확인할 필요는 있다. 축적한 부가 있다면, 그것을 덜어내는 작업일까? 그것을 유지해 나가며, 더 이상 축적하지 않는다는 의미일까? 아니면, 부 자체에 관심이 없다는 뜻일까?

현자에게 낮춘다고 했을 때, 이 시대의 현자는 누구인가? 어떤 인간을 만나 겸손하게 대한다는 말인가? 정치지도자인가? 교육자인가? 시대에 아부하며 잘 사는 사람일까? 현명한 존재에 대한 기준이나 판단 조차도 흐려지는 시대다.

『주역』 산책 51 - 명변석(明辨晳); 분별의 지혜

2023. 3. 2. 5:00

안동 시우실 망천에 새집이 완성되고 건물허가까지 완료되었다. 오늘 기본적인 가구와 전자제품 몇 가지를 들여놓고, 주민등록 거주지도 이전할 것이다. 이 글을 쓰고 안동으로 내려갈 것이다. 이제 안동시 풍산읍 주민이 된 건가?

『주역』「대유」괘의 네 번째 효가 '조심(操心)'을 알린다. "지나치게 성대하지 않으면 허물이 없으리라!-비기방(匪其彭), 무구(无咎)!"

지나치게 성대한 상황을 만들면 흉한 사태를 맞이할 수 있다. 그렇지 않으려면 그 전제 조건은 '겸손(謙損)'이다. 덜어내고 줄이고 손해를 보는 듯이, 마음을 다져야 한다. 안동의 새집에 거주하려는 내 삶의 자세도 그렇게 대처해야 마땅하다.

'상(象)'의 풀이는 지혜의 지도를 다시 그린다. "지나치게 성대하지 않으면 허물이 없다는 언표는 밝게 분변하는 지혜다!-비기방(匪其彭), 무구(无咎), 명변석야(明辨晳也)!"

정이의 『역전』은 간략하게 풀이한다. "어질고 지혜로운 사람은 사물의 이치를 밝게 분변한다. 그런 만큼 성대할 때를 만나면 허물이 다가올 것을 예측한다. 때문에 덜어내고 조절하여 가득 차는 데까지 이르지는 않는다."

이런 점에서 지혜는 일종의 예측(豫測)이다. 다가올 일에 대한 인식이다. 교육은 이런 지혜를 터득하는데 이르도록 도모하는, 앎을 위한 작전(作戰)이다. 『주역』 '명변(明辨)'의 지혜가 다름 아닌 『중용(中庸)』

의 ‘박학(博學)-심문(審問)-신사(愼思)-명변(明辨)-독행(篤行)’으로 조직된 교육철학의 다리를 놓는다.

『주역』 산책 52 – 대유불거(大有不居); 소유에 관한 공공성

2023. 3. 5. 6:30

‘대유지극(大有之極) 불거기유(不居其有)!’ 가진 것이 절정에 이르렀을 때, 그 소유를 자처하지 않는다! 이 무엇을 상징하는가?

『노자도덕경』(2장)에서도 강조했다. ‘공성불거(功成弗居)!’ 누구나 부러워할 정도의 업적을 이루었다. 그러나 그 공적을 나의 것으로 삼지 않는다.

그것은 세상 사람이 함께 누릴 수 있도록 배려하는 ‘공공의식(公共意識)’의 발로다. 어쩌면 그런 삶의 태도가 교육을 미학(美學)으로 인도한다.

『주역』 산책 53 - 신이발지(信以發志) 향지응성(響之應聲); 믿음으로 재능을 열고 메아리 소리에 응할 수 있을까?

2023. 3. 7. 10:10

'믿음'은 사람 사이에, 그 지향하는 뜻을 계발하는 위대한 자본이다. 신이발지(信以發志)!

『주역』「대유」의 다섯 번째 효는 인간의 믿음을 고려한 교육적 대비를 설파한다. 정이천의 『역전』에는 그 의미를 다음과 같이 설명한다.

> 아랫사람의 뜻은 윗사람을 따른다. 윗사람이 신뢰로 아랫사람을 마주하면, 아랫사람 또한 성의를 다하는 믿음으로 윗사람을 섬긴다. 믿음은 인간의 사귐을 돈독하게 만드는 핵심 양식이다. 윗사람이 신뢰로 아랫사람을 믿으며 삶의 뜻을 계발하기 때문에 그러하다. 아랫사람이 윗사람을 따르는 일은 메아리가 소리에 응하는 상황과 같다. 그것은 윗사람의 위엄을 전제로 한다. 위엄이 있으면 괜찮다. 그러나 위엄이 없으면 아랫사람들이 함부로 하고 업신여긴다. 어떤 일을 마주했을 때, 경계하거나 대비하지 않는다. 공손하지도 두려워하지도 않고, 어떤 상황이건 대처하려는 의지도 없다.

이를 현대적 의미를 부여하여 네 글자로 만들어 본다.

부신접인(孚信接人) 인성신사(人誠信事)!; 믿음으로 사람을 만나면 사람은 성의를 다하고 신뢰를 바탕으로 일한다.
궐부교여(厥孚交如) 부신발지(孚信發志)!; 믿음으로 서로 사귀면 그 신뢰를 통해 인간 사회의 뜻을 펼친다.
상하종상(上下從相) 향지응성(響之應聲)!; 위아래 사람이 서로를 따르면 그것은 메아리 소리에 반응하는 것과 같다.
위엄무만(威嚴無慢) 계비공외(戒備恭畏)!; 위엄을 갖추면 교만함이 없어지고 세상의 여러 사태를 경계하고 대비하며 공경하고 두려워하며 처리할 수 있다.

교육은 이처럼 시대 상황을 인식하고 현실에서 대처하는 능력의 함양이 아닐까? 그 중심에 사람 사이의 믿음이 자리한다.

『주역』 산책 54 – 리신사순(履信思順); 믿고 따르는 사태의 본질

2023. 3. 13. 5:30

사람의 일은 인간이 벌이는 전투적 사업이다. 그 인간의 사업에 하늘의 도움, 즉 천우(天祐)가 있을까? 있다면, 어느 정도일까? 아니, 어떤 수준에 도달해야 인간의 사업을 원만하게 수행할 수 있을까? 인간이 하는 일이 하늘의 일에 순응하고 자연 질서에 합당하면 그만인 걸까?

그 어떤 사유나 언행도 '천우'의 필연성을 장담하기는 어렵다. 어쩌면, 하늘의 도움이라는 것이, 우연에 그치는 사안은 아닐까? 필연적이라면, 이미 정해진 숙명(宿命)과 같은 것이라면, 그 누가 운명(運命) 개척을 향한 열정을 가지고 노력할까?

인간의 사업과 하늘의 일 사이에 시소게임을 보여주는, 의미심장한 대목이 「대유」의 여섯 번째 효 <상전>, 정이천의 『역전』에 보인다.

대유(大有) 괘의 맨 윗자리에 있는 효는 가장 많이 소유한 형국을 보이고 있기에, 조금 지나면 변하게 마련이다. 하지만, 그 실천하는 일이 하늘에 순응하고 도리에 합당하기 때문에 하늘이 도와준다. 그래서 괜찮다고 한다. 교육받은 사람, 즉 군자(君子)가 가득하지만 넘치지 않는 것은 다름 아닌 하늘이 돕기 때문이다.

『주역』「계사전(繫辭傳)」은 이를 다시 설명한다. "하늘이 돕는 것은 순응하는 일이고, 사람이 돕는 것은 신뢰를 다하는 일이다. 성의껏 신뢰를 다하고 순응할 것을 생각하며 또 현명한 사람을 존경한다. 때문에, 하늘이 도와 순조롭게 나아가 마땅하지 않은 일이 없다.: 천지소조자(天之所助者), 순야(順也). 인지소조자(人之所助者), 신야(信也). 리신사호순(履信思乎順), 우이상현야(又以尚賢也). 시이(是以) 자천우지길(自天祐之吉) 무불리야(无不利也)."

여기에서 '순응할 것을 생각하다[思順]'는 겸손하여 자처하지 않음을 이른다. '현명한 사람을 존경하다[尚賢]'는 뜻이 아래에 있더라도 어질고 지혜로운 사람의 의견이나 행실을 따르는 일이다. 풍부하게 소유하고 풍요를 누리고 있는데, 다시, 더 큰 풍요를 요청해서는 곤란하다. 가득 차 있는데 다시 가득 채우려는 욕망의 불길은 흘러넘치는 상황이다. 마땅하지 않다. 위험하다.

맨 윗자리에서, 모든 권세와 지위를 차지했는데, 또 욕망의 늪을 요구한다고? 이 지점에서 멈추시라. 다시, 아래를 보고 인간 사회를 신뢰하라. 하늘이 내린, 자연 질서에서 확인해야 할 지도자의 사명을 생각하라! 그것이 하늘에 순응함이다.

서양 속담에도 있지 않은가! "하늘은 스스로 돕는 자를 돕는다(Heaven helps those who help themselves!)"

'천우(天祐)'가 없지는 않겠지만, 인간 사회의 기본은 사람 사이의 믿음에 근거한 인간 스스로의 도움이다. 그것이 하늘은 '스스로 노력하는 사람을 성공하도록 만든다!'라는 뜻으로 의미가 전환되었으리라. 어떤 일을 성취하기 위해서는 인간 자신의 노력이 가장 중요하다. 교육을 통해 그 힘은 축적된다. 인간의 믿음은 아직도 그러하다. 최선을 다해, 자신을, 인간을, 교육하라! 그것이 대길(大吉)의 지름길이다.

풍부처잉(豊復處盈) 비소의야(非所宜也)!

풍성하다. 그런데 다시 가득하기를 바라는 것은 옳은 일이 아니다!

『주역』 산책 55 – 지산 겸(地山 謙); 숭고하지만 비천한 곳에 머무는 용기

2023. 3. 15. 6:20

『주역』의 '겸(謙)'은 내가 개인적으로 매우 선호하는 괘다. 겸괘는 그 괘상(卦象)이 곤(坤: ☷)이 위에 있고 간(艮: ☶)이 아래에 있어, 땅 아래에 산이 있는 모습이다. 원래 땅은 아래에서 낮추고 있다. 산은 높고 큰 것이다. 그런데 산이 땅의 아래에 있는 형상이 다름 아닌 겸(謙)이다.

숭고지덕(崇高之德), 처비지하(處卑之下)! 높고 높은 저 숭고한 덕으로 낮고 낮은 저 비천한 곳에 자신을 둔다는 의미다. 그런 용기(勇氣)의 전면에 겸손(謙遜;謙損)의 미덕이 영롱하게 반짝인다. 그래서 겸괘의 괘사는 다음과 같이 말한다. "겸은 차근차근 뻗어나가는 특성을 지니고 있다. 교육받은 사람은 끝까지 지켜 잘 마친다!: 겸(謙), 형(亨). 군자유종(君子有終)!"

교육받은 사람이, 왜, 끝까지 지켜, 잘 마칠까? 흔히 말해, 끝이 좋을까? 유종의 미(有終之美)! 정이천은 『역전』에서 그 이유를 다음과 같이 설명한다.

교육받은 사람 또는 교양인은 그 인생의 지향이 겸손함에 있다. 우주 자연의 이치를 통달하기 때문에 자연의 질서를 즐기며 다투지 않는다. 내면이 충만하기 때문에 겸양하며 자랑하지 않는다. 자연스럽게 겸손하게 행동하며 죽을 때까지 그 행실을 바꾸지 않는다. 스스로를 낮추지만 사람들이 더욱 높여 주고, 스스로 숨지만 그 덕은 더욱 빛난다.

지존겸손(志存謙遜), 낙천불경(樂天不競), 퇴양불긍(退讓不矜), 자비인존(自卑人尊), 자회덕광(自晦德光)!

주희는 『본의』에서 간략하게 정돈한다. '겸(謙)'은 '가지고 있으면서도 자기 것이라고 강변하지 않는다'는 뜻이다. '유이불거(有而不居)'다. '유종(有終)'은 먼저는 굽히지만 나중에는 펴는 것을 말한다. '선굴후신(先屈後伸)'이다.

조무래기들! 교육받지 못한 소인배들은 그와 반대다. 욕망을 따라 다투고, 조그마한 덕을 갖추어도 반드시 자랑한다. 유욕필경(有欲必競), 유덕필벌(有德必伐)! 그들에게 무슨 유종의 미를 기대하겠는가! 불능유종(不能有終)이다.

이런 차원에서 교육은 유종의 미를 거두려는 자발적 노력이다. 끝마침이 좋도록 진정으로 기도하라!

『주역』 산책 56 – 하제상행(下濟上行); 자연 질서가 던지는 겸손의 메아리

2023. 3. 19. 11:20

자연과 인간은 어떤 차원에서 만남이 가능할까? 자연은 말없이 인간을 감싸고 있다. 때로는 따스하게 때로는 싸늘하게, 또 때로는 보드랍게 때로는 거칠게, 인간의 삶을 몰아세우기도 한다. 인간은 자연 속에 살지만, 그 혜택을 제대로 인식하지 못하고, 오히려 정복자 행세를 하며, 자연을 인위로 바꾸기도 한다.

겸괘(謙卦)는 자연과 인간의 관계를 '겸(謙)'의 용법으로 처리한다. 「겸」괘 <단전>에 그 대강이 펼쳐져 있다. "하늘의 이치는 위의 높은 곳에 자리하기에 아래로 내려가 밝게 빛난다. 땅의 법칙은 아래의 낮은 곳에 자리하기에 위를 향해 움직인다.: 천도(天道), 하제광명(下濟光明). 지도(地道), 비이상행(卑而上行)."

위에서 아래로 아래에서 위로, 질서에 따라 차근차근 뻗어나가는 저 자연의 힘이 다름 아닌 '겸(謙)'의 '형(亨)'이다. 하늘 기운은 아래의 모든 존재와 사귄다. 만물과 친구가 되어 그들을 기르는 데 일조한다. 그렇게 밝게 빛나는 활동을 자신의 임무로 삼는다. 땅 기운은 그와 반대다. 때문에, 겸손함은 단순하게 굽실거리며 자신을 낮추는 삶의 우둔(愚鈍)이 결코 아니다. 당당하게 뻗어나가 올바르게 사귀는 삶의 지혜다.

『주역』 산책 57 – 익류복호(益流福好); 겸손을 다루는 양식

2023. 3. 22. 7:20

「겸」괘 <단전>은 '천도(天道)-지도(地道)'가 사귀어 뻗어나가는 양식을 통해, 다시 말을 이어간다.

> "하늘의 이치는 가득 찬 것을 이지러지게 하고 겸손함을 더해준다. 땅의 법칙은 가득 찬 것을 바꾸고 겸손한 곳으로 흘러들게 한다. 오므리고 펴는 움직임은 가득 찬 것을 해치고 겸손한 일에 복을 준다. 사람이 합리적으로 살아가는 양식은 가득 찬 것을 싫어하고 겸손한 것을 좋아한다.: 천도(天道), 휴영익겸(虧盈益謙). 지도(地道), 변영류겸(變盈流謙). 귀신(鬼神), 해영복겸(害盈福謙). 인도(人道), 오영호겸(惡盈好謙)"

'천도'와 '지도'의 사이 세계는 '귀신'의 역동성을 통해 '인도'를 담아낸다. 하늘은 해와 달의 운행을 통해 가득 차고 이지러지기를 순환 반복한다. 땅은 그 형세에 따라 기울고 패이고 평평하게 만들고 북돋우기도 한다. 여기에서 귀신은 죽은 사람의 영혼을 의미하는 것이 아니다. 우주 만물이 만들어지고 되어가는 흔적, 조화(造化)의 자취[跡]다. 이 흔적이나 자취는, 지나치면 덜어내고, 모자라면 더해주는, 균형과 질서의 양상으로 남는다. 인간은 이런 자연의 질서와 우주 만물의 생성 원리를 삶의 지침으로 삼는다. 인간은 지나치게 가득 채워, 자기의 욕망만을 채우는 사람을 싫어한다. 겸손한 사람을 좋아한다. 그것이 인간의 감정이다. 이런 점에서 겸손은 인간 최고의 미덕이다.

교육적 의미를 부여하면, 조심스런 생각이 밀려온다. 교육을 통해 휴영(虧盈)과 변영(變盈)의 사이에서 해영(害盈)을 자산으로 헤엄치는 오영(惡盈)의 세계를 파악하면 어떨까? 그리하면 익겸(益謙)과 류겸(流謙)이 복겸(福謙)으로 이어져 호겸(好謙)을 누리려는 인생을 갈망할 수 있다. 끝내는 겸손을 더하고 겸손한 곳으로 흘러들고, 겸손한 일에 복을 주고, 겸손함을 좋아하는 삶의 축복이 가득하기를! 그것은 교육받은 사람이 누리는 유종의 미다.

『주역』 산책 58 – 인덕실고(人德實高); 겸손의 교육 효과

2023. 3. 26. 10:30

「겸괘」<단전>의 마지막 구절은 교육의 효과를 명확하게 지시한다. 교육받은 사람, 그 겸손한 존재가 어떤 인간인지를 간략하게 안내한다.

> "높고 빛난다! 낮추고 있지만 넘을 수가 없다! 그것이 바로 교육받은 사람이 거둬들이는 인생 유종의 미다!: 존이광(尊而光), 비불가유(卑不可踰), 군자지종(君子之終)."

겸손은 자신을 낮추고 공손하게 삶을 이어가도록 인도한다. 그 길은 높고 크며 밝고 빛난다. 스스로 낮추고 굽히지만, 실제로 그 덕망은 높다. 더 이상 넘을 수 없다.

그러기에 교육받은 사람은 겸손을 인간 최고의 미덕으로 설정한다. 겸손의 실천이 지속되면, 그 인생의 끝은 아름답다. 그것은 겸손 교육의 최종 효과이자 일단락이다.

자처비굴(自處卑屈), 기덕실고(其德實高), 인지지덕(人之至德)!

『주역』 산책 59 – 칭물평시(稱物平施); 저울질하여 배풀어라

2023. 3. 27. 5:20

「겸괘」<상전>에 겸손의 원리가 적시된다. “많은 부분에서 취하여 적은 부분에 더해주라! 물건을 저울질하여 공평하게 베풀어 주라!: 부다익과(裒多益寡)! 칭물평시(稱物平施)!”

그것은 “높은 것을 덜어내어 낮은 것에 더해주어 공평하게 나아가게 하는 작업이다.: 손고증비(損高增卑), 이추어평(以趨於平)!” 궁극에 이르면, 겸손은 평평하게 다스려 바로잡는 평등의 문제로 모아진다.

다시 ‘외비하(外卑下), 내온고(內蘊高)!’ 외면적으로는 몸을 낮추어 아래로 자리하고, 내면적으로는 덕을 쌓아서 높여라!

『주역』 산책 60 - 공로능겸(功勞能謙); 공로가 있어도 겸손하다면

2023. 3. 29. 5:40

「겸괘」 세 번째 효[九三]는 '노겸(勞謙)'의 뜻을 전하며 삶의 엄숙함을 달랜다.

"공로가 있으면서도 겸손하다!"

대부분의 사람은 높은 자리를 좋아하고 다른 사람과의 경쟁에서 이기는 일을 기뻐한다. 그것이 인지상정(人之常情)이다. 그런데 높은 자리가 아니라 낮은 곳에서 윗사람을 보필하고 묵묵히 자기 임무를 수행하는 사람! 그들은 겸손한 존재의 표상이다.

교육받은 존재라 하더라도 그것을 자랑하고 자부하는 마음에 빠져 있다면, 그의 자랑과 자부는 오래가지 못한다. 대신, 공손과 겸손을 자처하고, 조심하고 조심하면 오래도록 자신의 삶을 영예롭게 지속하며, 인생에 유종(有終)의 미가 가득할 것이다.

공로가 있어도 겸손한 사람. 이런 인간 성장을 열망하는 일이야말로 정말 실천하기 어렵다. 하지만 인생 유종의 길이 이 가운데 보인다. 교육적 인간상도 그런 의식의 흐름을 따라 고민의 흔적을 남긴다.

「상전」에서 정이천이 설명한 내용은 보다 명확한 삶을 지원한다. "공로가 있으면서도 겸손한, 교육받은 존재는 사람들이 높이고 따른다. 「계사전」에서도 강조했다. '공로가 있어도 자랑하지 않고, 덕으로 여기지 않아 두터운 마음이 가득하다. 덕으로 말하면 성대하고, 예로 말하면 공손하다. 이런 점에서 겸손함은 공손함을 정점으로, 자신의 자리를 보존하는 작업이다.'" 겸손함이란, 삶을 보존하는 최고의 덕목이다.

『주역』 산책 61 – 불부기린(不富其隣); 부유하지 않아도 얻는 이웃

2023. 3. 30. 5:00

부유한 존재에게는 사람들이 모이게 마련이다. 그것이 재물이건 권력이건, 가진 사람의 주변에는 사람이 득실거린다. 쉽게 말하면, 뜯어먹을 것이 있기 때문이다. 그래서 옛날부터 '재물만이 사람을 모을 수 있다!'라고 했다. 유재위능취인(唯財爲能取人)!

그러나 지도적 인격을 지닌 존재, 교육받은 사람은 물질적으로 부유하지 않으면서도 이웃을 얻을 수 있다. 인격 자체가 이미 보배다! 사회적 지도자가 되어 겸손한 마음으로 세상을 대하면, 사람들의 존경을 받게 되고 사람들이 모인다. 여기에 지도자의 길이 있다.

그렇다고, 그저 겸손하고 부드럽기만 해서는 안 된다. 위엄과 강력한 힘으로 사람들을 구제해야 세상 사람들을 설득하고 따르게 할 수 있다. '불가전상겸유(不可專尙謙柔), 필수위무상제(必須威武相濟)!' 따르는 사람이 아무리 많다고 하더라도, 여전히 따르지 않는 사람도 있다. 그런 존재는 철저히 교육하여 따르게 만들어야 한다. 올바른 인간의 길을 겸손하게 교육하는 데도 따르지 않는 자, 어떻게 할 것인가? 정벌하라! 그런 존재에게 쓰는 것이 위엄이자 강력한 힘인 위무(威武)다. 겸유(謙柔)와 위무(威武)의 리더십 예술이 갈마드는 전략 전술, 이것이 지도자 교육의 묘미다.

화이트헤드 『사고의 양태』 1 – 유기체철학의 핵심 논점에 다가서며

2023. 4. 1. 5:20

화이트헤드(Alfred North Whitehead, 1861~1947)는 '유기체철학'으로 우리에게 알려져 있다. 내가 그것을 접한 것은, 30여 년 전 1990년대를 막 들어서던 그 무렵으로 기억된다. 『과정과 실재』라는 두꺼운 책을 앞에 두고 엄청나게 끙끙댔던 기억이 새롭다. 이전에 보지 못했던 개념이나 용어가 낯설었지만, 철학을 공부한다는 재미가 있었고, 동양 사상과 상통하는 다양한 사색이 즐거움을 더했다. 최근에는 대학원 강의 시간에 화이트헤드의 『교육의 목적』을 강독하며 독해하기도 했다.

이번 『잡기』에서는 화이트헤드가 남긴 마지막 저서, 『사고의 양태』를 독해하며 교육을 고민해 보려고 한다. 이 저술은 아홉 개의 강의로 구성되어 있다. 제1부 '창조적 충동'과 제2부 '활동'에서 다룬 여섯 개(강의1–강의6)는 화이트헤드가 하버드대학을 은퇴한 직후, 1937~1938년에 걸쳐 웨슬리대학에서 강의했던 내용이다. 제3부 '자연과 생명'의 두 개(강의7–강의8)는 시카고 대학에서 했던 강의이고, 제4부 맺는말인 '철학의 목적'은 하버드와 레드클리프 대학의 철학과 대학원생들을 대상으로 한 연설이다.

여기서는 오영환·문창옥 교수가 번역한 책을 텍스트로 하여 교육철학적으로 의역할 것이다. <역자 후기>를 보면, 이 책의 성격과 독해의 어려움을 엄중하게 짚어준다.

"이 『사고의 양태』는 『과정과 실재』에 구현된 '유기체철학'의 핵심 사상과 관점을 비교적 비전문적이고 비체계적인 언어로 간결하게 기술하고 있다. 때문에 독자들에게 그다지 대단한 인내력을 요구하지는 않는다. 그래서 어떤 사람은 이 책이 화이트헤드가 자신의 형이상학을 소개하기 위해 쓴 입문서라고 말하기도 한다. 그리고 굳이 이런 평가가 아니더라도 이 책이 그의 형이상학적 체계를 구성하고 있는 전문 술어나 독특한 개념들에 대한 선이해가 없는 독자들에게, 유기체철학의 사상적 윤곽이나 현재적 의의에 접근할 적절한 통로 역할을 하리라는 것은 자명하다.

하지만 이것은 어쩌면 동전의 한 면에 지나지 않는다. 이 책은 화이트헤드 자신의 형이상학적 반성을 압축하고 있기에, 가볍게 스쳐 지나가는 듯한 구절들조차도 대개는 그의 체계적 사유의 깊은 뿌리와 맞닿아 있다. 이는 이 저술 속의 표현들이 거의 예외 없이 '육중한 함축'을 지니고 있음을 의미한다. 때때로 이들은 우리의 사고를 짓누르고 우리의 이해력에 도전해온다. 따라서 이런 난해성이 화이트헤드의 독특한 언어 구사 습관에서 오는 것처럼 보이는 때도 없지 않다. 그러나 그것은 지엽적 요인에 불과하다. 그의 글이 지니는 무게는 거의 전적으로 그의 형이상학적 사변의 깊이와 폭에서 온다."

이런 느낌을 대변이라도 하듯, 화이트헤드는 <책머리에> 다음과 같이 기술하고 있다.

"우리 경험 내의 요소들은, 그들의 중요성을 얻는데 필요한 적정 시간 동안 존속되는 한, 그들의 가변성(可變性)에 비례하는 명석판명성(明晳判明性)을 띤다. 필연적인 것들은 변하지 않는다. 때문에, 사유의 배경 속에 희미하고 모호한 것으로 남아 있다. 따라서 철학적 진리는 언어에 의한 명백한 진술에서보다 언어의 전제 속에서 찾아져야 한다. 이러한 까닭에 철학은 시(詩)와 유사하다. 이 두 가지는 모두 우리가 문명(文明)이라 부르는 궁극적 양식(good sense)을 표현하려고 한다!"

그렇다면, 철학에 기반한 교육은 무엇이어야 할까? 교육은 가변성(可變性)에 비례하는 명석판명성(明晳判明性)이다. 교육의 진리는 언어를 통한 명백한 진술보다 언어의 전제 속에 함축되어 있다. 교육은 시(詩)와 유사한 예술성을 띠어야 한다. 교육은 인류 문명을 대변하며 재생산하는 밑그림이어야 한다. 이 정도로 회의를 품고, 독해를 시작해 본다.

화이트헤드 『사고의 양태』 2 – <강의1>중요성①; 철학적 논의와 교육적 논의

2023. 4. 3. 6:30

<제1부 창조적 충동(Creative Impulse)>의 <강의1 중요성(Importance)>의 첫 문장에서 화이트헤드는 다음과 같이 강조한다(앞으로도 화이트헤드의 언급은 " "(큰따옴표)로 처리해 둔다). "철학적 논의의 첫 장은 일상적 삶에서 자연스럽게 생겨나고 있는 몇몇 궁극적 관념들을 자유로이 검토하는데 할애되어야 한다!"

그렇다면 교육적 논의의 첫 장은 어디에서 펼쳐야 할까? 교육은 철학과 떨어질 수 없는 일상의 실천이다. 때문에, 교육 또한 일상적 삶에서 생겨나는 궁극적 관념을 다룰 수밖에 없다. 아니, 철저하게 검토하고 다루어야 한다.

여기에서 말하는 "궁극적 관념들은 문학이나 사회조직 또는 물리적 현상들을 이해하려는 노력에 내포된 일반적 요소다." 관념들은 일상의 모든 사안에 녹아 있는 이해의 도구다. 그러기에 화이트헤드는 "관념들에 대한 정의는 없다!"라고 말한다. "관념들은 그들보다 외연이 큰 요소에 의해 분석될 수 없다. 그들은 각기 그와 대등한 깊이를 지닌 관념군(觀念群)의 다양한 의미에 필요불가결한 것으로 제시된다. 우리는 관념을 논의할 때, 그 구성원 가운데 어떤 것이든 언어상의 가벼운 조정을 통해 기본 관념으로 선택할 수 있다." 교육에서도 그 사용하는 상황에 따라, 적절한 관념을, 교육을 이해하는 기본 개념으로 채택해야 한다. 즉 가장 의미 있고 부합하는 교육적 언어나 용어를 선택하거나 창출해야 한다. 그것은 교육적 언어의 생성이다. 이것이 어떻게 가능할까?

화이트헤드 『사고의 양태』 3 - <강의1>중요성②; 체계적 사고의 명암

2023. 4. 4. 9:00

사고(思考)가 교육(敎育)에, 또는 교육이 사고에 미치는 영향은, 서로가 지대하다. 사고를 통해 다양하게 교육을 펼치고, 교육을 통해 복잡하게 사고의 질을 향상한다. '창의적 사고', '고차원적 사고', '독창적 사고' 등등 사고를 형용하는 용어가 현란할 정도다.

그런데 인간이 추구하려는 사고는 밝은 측면과 어두운 측면을 동시에 지닌다. 문제는 사고의 체계다! 화이트헤드는 말한다. "모든 체계적 사고는 현학적 색조를 띠게 마련이다. 우리가 '관념이나 경험이나 암시와 같은 것들을 생각하는 것은 아니다'라고 하는 꼼꼼한 변명과 함께, 그런 것을 제쳐 놓는다. 체계란 중요하다. 그것은 우리의 경험 속으로 밀려 들어오는 갖가지 사고를 조작하고 이용하고 비판하는 데 필요하다."

일상의 언어에서는, 때로는 의미 없는 듯한, 단순한 생각이나 파편적 사유가 난무한다. 비체계적인 사유는 무의미한 언표의 바닥을 장식한다. 이 틈새에서 체계적인 사고는 학문 이론으로 등극한다. 인간은 누구나 생각을 한다. 문제는 그것의 체계다. 체계가 논리적이고 과학적 차원으로 구성되었느냐의 여부가 교육을 건전하게 인도한다.

화이트헤드 『사고의 양태』 4 - <강의1>중요성③; 철학의 일차적 단계, 수집

2023. 4. 5. 6:20

교육은 단계(段階)를 설정한다. 단계는 교육이라는 사업이 나아가는 과정 또는 순서이기에 매우 심각하게 고심해야 한다. 그것은 학교급별로 초등-중등-고등으로 설정하기도 하고, 난이도(難易度)에 따라 쉬운 내용에서 어려운 내용으로, 또는 단순한 문제에서 복잡한 문제로 나아가는 단계를 고민하기도 한다. 이 교육의 과정에서 신중하게 고려해야 할 사항이 있다. 공부의 첫 단계에서 철저하게 실천해야 하는 원칙이다.

> "철학은 그 어떤 것도 배제할 수 없다. 결코 체계화에서 출발해서는 안 된다. 철학의 일차적 단계는 '수집(assemblage)'이다! 체계적 철학은 전문가들이 연구할 주제지만, 수집으로서 철학적 과정은 모든 지식인이 그들의 전문적 입장을 떠나 어느 정도 주목해야 할 사항이다."

철학은 이론을 갖추어가는 공부다. 교육을 통해 논리를 갖추고 내용을 정리하며, 지성을 향해 나가는 대사업이다. 그 첫걸음은 철학을 빚어내는 기초 자료의 수집이다.

수집하는 행위 없이는 정돈이 불가능하다. 수집한 내용이 있어야 검토하고 분류하고 정돈할 수 있다. 공부를 한다고 했을 때, 연구[탐구] 조사를 한다고 했을 때, 학문에 입문했을 때, 그 첫 번째 단계는 무조건 수집이다. 관심을 가진 부분이나 그와 관련된 내용의 수집은 모든 교육행위의 첫 단추다.

화이트헤드 『사고의 양태』 5 – <강의1>중요성④; 지적인 삶

2023. 4. 10. 5:30

교육은 지적 삶이나 지성을 위한 교량 역할을 한다. 지적 삶을 위해서는 반드시 지식을 획득해야 한다. 그런데 지식 획득의 내용과 질이 교육의 수준을 일러주는 관건이다. 단순하게 많은 양의 지식을, 창고에 물건을 쌓듯이 모아둔다고 해서, 지식이 확보되는 것은 아니다. 그것은 지식이라는 물건의 단순 나열에 불과하다. 최소한, 체계를 갖추기 전까지의 지식 수집은 그렇다는 의미다.

화이트헤드의 언급은 무섭다. "지적인 삶은, 체계를 위해 경험을 경시하는 데 대한, 하나의 항거다."

지적 삶은 항거다! 무엇에 대한 항거냐? '경험을 경시하는 일'에 대한 저항이다. 어떤 경험인가? '체계를 갖추기 위한' 경험이다. 그것은 경험을 중시하고 체계를 갖추기 위한 '단련(鍛鍊)'을 요청한다. 이 단련이 공부다. 교육이다. 연구다. 학문이다.

단련은, 경험의 세계가 펼쳐지고, 그 경험을 체계화하여 정돈하는 일상의 지적 삶이다. 별도의 전문 지식에 관한 공부도 경험의 한 양상이겠지만, 일상에서 체험되는 모든 경험, 그리고 거기에서 수집되는 임의적인 기초 자료의 내용을 체계화하는 작업이 지성을 유도한다. 지성을 유도하고, 지적 인간으로 인도하는 작업은, 교육의 지향점을 명확하게 지시한다.

화이트헤드 『사고의 양태』 6 – <강의1>중요성⑤; 존재의 문명화

2023. 4. 12. 6:30

화이트헤드는 철학에 두 가지 측면이 있다고 정돈한다. 하나는 '체계화'이고 다른 하나는 '관념들의 영입'이다.

> "체계화란 과학의 전문 분야로부터 파생되는 방법들을 동원하여 일반성을 비판하는 작업이다. 그것은 한정된 일군의 주요 관념들을 전제로 한다. 또 다른 측면에서 철학은 광범위하면서도 충분한 일반성을 지닌 관념들을 영입한다. 이와 같은 정신의 습관은 다름 아닌 문명의 본질이다. 문명 그 자체다. …… 문명화를 거친 존재는 어떤 광범한 일반성을 가능케 하는 이해력(understanding)을 통해 세계를 개관한다!"

이런 점에서 '체계화'와 '관념들의 영입'은 교육의 핵심 주제다. 관념이나 개념을 끌어들여 다양한 지식을 확보하는 경험을 하고, 그 경험의 내용을 정리 정돈하며, 논리의 옷을 입히는 체계화의 과정을 교육으로 명명할 수 있다. 그런 교육을 통해, 인간의 문명이 탄생한다.

화이트헤드 『사고의 양태』 7 – <강의1>중요성⑥; 대비되는 두 관념

2023. 4. 17. 6:00

관념들의 영입, 그것은 교육에서 구현해야 하는 절대적 요청이다. 이 관념을 영입하는 문제는 교육의 이론과 실천을 철학으로 끌어 올린다. 화이트헤드는 말한다.

> "모든 경험의 아래에, 불가피하게 깔려 있는 것처럼 보이는 대비되는 두 관념이 있다. 하나는 중요성의 관념이다. 즉 중요성에 대한 감각(sense), '중요성'이라는 전제다. 다른 하나는 '사태(matter-of-fact)'의 관념이다. 순수한 사태는 결코 회피될 수 없다. 그것은 중요성의 토대다. 회피될 수 없다는 사태의 특성 때문에 중요성은 중요한 것이 된다. 인간은 중요성에 대한 감각 때문에 주의를 집중한다. 주의를 집중할 때, 인간은 사태를 주목한다. 완고하게 사태에 주목하는 사람은 그러한 태도가 중요하다는 감각 때문에 그렇게 한다. 이 두 가지 관념은 대조되는 동시에 서로 필요로 한다."

두 가지 관념, 즉 '중요성'과 '사태'는 철학적으로 의미심장하다. 전통철학의 논의에서 볼 때, '중요성'은 '가치'에, '사태'는 '사실'에 대응한다.

화이트헤드 『사고의 양태』 8 – <강의1>중요성⑦; 경험의 기본 양태

2023. 4. 19. 6:30

'무엇무엇이 중요하다.' 또는 '이러이러한 사태에 있다'라고 했을 때, '중요성'과 '사태'의 관념이 어느 정도의 위상인지 짐작할 수 있다. 이것이 개별적으로 어떤 알맹이가 있는지 확인할 때, 개별성과 질적 관념으로 이어진다.

> "의식적 경험의 기본 양태(mode)가 지니는 하나의 특성은 그것이 광범한 일반성과 완강한 개별성을 결부시킨다는 데 있다. 경험의 개별성(particularity)을 특정 지우는데 정확한 분석은 존재하지 않는다. 질적 관념들을 가지고 개별적 경험을 특정 지우는 작업이, 그러한 질(quality)에 대한 그 어떤 세밀한 분석에서 출발한다는 것은 사실이 아니다. 질에 대한 우리의 기본적 의식의 토대는 광범한 일반성이다."

개별적 차원의 내용이 어떤 특징을 지녔는지는 개체 자체가 아니라 광범위한 일반성, 즉 보편적 공통성에 결부되었을 때, 분명한 의미를 지닌다. 이 지점에서 개별성과 일반성의 관계가 돋보인다. 교육은 개별성과 일반성, 즉 개인과 공동체의 유기체적 관계 설정에서, 민주적 차원의 참모습을 드러낸다.

화이트헤드 『사고의 양태』 9 – <강의1>중요성⑧; 언어의 일반성

2023. 4. 24. 6:50

언어는 언제나 동물적 습관과 학문적 정확성 사이에서 중간 단계의 일반성으로 되돌아간다. 그것은 보다 정확하게 사용될 수 있는 말(words)의 확보라는 명목하에, 항상 철학적 일반성으로 퇴락한다. 이러한 퇴락은 무지몽매한 성격을 지닌다. 명백한 사안들을 표현하기 때문이다. 그러나 그것은 또한 철학적이다. 명백한 사안들은 가변적 세부 사실(details)의 영속적 중요성을 구현하고 있기 때문이다.

화이트헤드 『사고의 양태』 10 – <강의1>중요성⑨; 학문 체계의 한계

2023. 4. 26. 7:50

철학에서 볼 때, 유감스럽게도 학문은 세부 사실들에 주목하는 경향이 있다. 물론 '중요성'과 '사태' 사이의 대비와 같은 근본적 전제들을 파악하려고 할 때, 인간은 분명히 전통적으로 계승한 학문에 의존해야 한다. 그러나 지성이 발달해 가는 가운데 종종 망각되는 하나의 중요한 원리가 있다. 학문을 습득하려고 할 때, 먼저 그 학문에서 벗어나야 한다. 논제를 갈고 다듬어 정형화하기에 앞서, 그것을 개략적으로 파악해야 한다.

인간이 구현하는 학문은 체계적이지 않으면 안 된다. 그러나 그 체계는 열어 두어야 한다. 다시 말해, 체계의 여러 한계에 민감해야 한다. 세부적인 것들에 관한 통찰을 기다리고 있는, 그런 모호한 영역이 체계 너머에 항상 존재하고 있기 때문이다.

노동절

2023. 5. 1. 5:30

2023년 5월 1일 노동절(May Day) 새벽이다. 한국에서 사용하는 법정 명칭은 '근로자의 날'이다. 원래의 취지는 '노동자들의 열악한 노동 조건을 개선하고 노동자의 지위를 향상시키기 위해 세계 각국의 노동자들이 연대 의식을 다지는 날'이기도 하다. 그런 만큼, 그 중요성을 인정하여 법정기념일로 정했고, 근로기준법에 의거한 유급휴일이다. 우리나라는 1973년부터 시행했다. 벌써 50주년이다.

이런 신성한 날 아침, 슬픈 기분이 밀려오니, 더욱 안타까운 마음이다. '근로(勤勞)'가 무엇인가? 부지런히 일하는 인간의 책무 아닌가! 그런데 언제부터인가 '부지런히 일하는 인간'이 실종되는 사례가 빈번하게 발생했다. 인간의 책무 차원에서 볼 때, 인간이기를 포기한 사태가 벌어진 것이다. 그리고 그 자리에는 '게으름'과 '사이비 인권'이 들어섰다. 근로의 본질이나 노동의 신성함보다 노동의 형식적인 현상만이 앞선, 황금(黃金) 만능의 천민(賤民) 자본주의가 가져온 저질적 게으름이, 인간의 책무인 양 나댈 뿐이다. 자신이 실천해야 할 근로의 권리, 그 인권의 자긍심을 초개(草芥)처럼 던져 버리고, 나태(懶怠)로 무장한 썩은 전투력만 남았다. 노동은 뒷전이고 금전만이 우선이다. 근로에 관한 균형 잡힌 사고는 노동을 인식하는 단계에서 지워졌다. 그것이 심화를 거치는 동안, 근로의 신성함 대신 근로의 배반이 던지는 슬픔은, 인간이 스스로를 모독하는 자해 행위로 전환된다. 그래서 더욱 슬프다.

근로자의 날 50주년을 맞는 오늘, 진정, 근로의 가치에 관한 생각을 회복할 수 있을까? 근로를 실천하는 마땅한 사회를 볼 수 있을까? 그저 고대(苦待)할 뿐이다. 공장의 일반 생산직과는 다른 차원이지만, 학계의 활동도 노동에 포함된다면, 우선, 나 자신부터 부지런히 일했는지 성찰하면서, 이 아침의 쓸쓸함을 떠나보낸다.

보다 활기찬 메이데이(Mayday)의 의미를 재고하며, 근로의 신성함을 열정으로 감싸자! 어쩌면 집 앞에서 푸르름을 더하는 나무들, 그리고 광릉 봉선사 입구의 연못에서 올챙이들이 힘겹게 모여 개구리로 성장하려는 부지런함이, 오히려 돋보이는 시간일지도 모르겠다.

화이트헤드 『사고의 양태』 11 - <강의1>중요성⑩; 사태의 관념

2023. 5. 3. 6:20

사태는 '단순한 존재(mere existence)'의 관념이다. 이 관념을 붙잡으려고 할 때, 그것은 다양한 유형의 존재들이라는 하위 관념들로 분화되어 나타난다. 따라서 존재의 관념은 존재의 환경과 존재의 유형에 대한 관념을 수반하고 있다.

모든 존재의 사례들은 그들 자신과 연관되어 있으면서도 그들 자신을 넘어서고 있는 다른 존재들의 관념을 수반한다. 이러한 환경의 관념은 '정도(more or less)'라는 관념과 '다수성(multiplicity)'이라는 관념을 끌어들인다.

화이트헤드 『사고의 양태』 12 – <강의1>중요성⑪; 중요성의 관념

2023. 5. 7. 6:00

중요성의 관념은 중요성의 등급 및 중요성의 유형과 관계가 있다. 여기서 다시 '정도'라는 관념과 만난다. 게다가 무엇인가가 '중요한 것'이어야 한다. 허공 속에 중요성이 있을 수는 없다. 때문에, 중요성은 사태로 되돌아간다.

그러나 사태의 다수성으로 인해 유한한 지성은, 그것을 취급할 때, 선택하지 않을 수 없다. 이때 '선택'은 '저것보다는 이것'이라는 관념을 전제로 한다. 따라서 지적 자유는 선택의 결과다. 선택은 그런 자유에 의미를 부여하기 위해 상대적 중요성의 관념을 필요로 한다.

이런 점에서 '중요성–선택–지적 자유'는 하나로 연결된다. 이들 모두가 사태와 어떤 방식으로든 연관되어 있다.

화이트헤드 『사고의 양태』 13 – <강의1>중요성⑫; 다시, 사태의 관념

2023. 5. 8. 10:30

중요성이 사태로 돌아온 만큼, 이제 다시 사태가 주요하게 등장한다.

환경은 모든 물리적 차원에서 인간을 능가한다.

사태는 강제적 결정론의 관념으로 채색된다.

지구는 돈다! 그리고 우리는 우리의 일상생활에서 낮과 밤의 교차를 근원적 필연성으로 경험하며, 지구와 함께 움직이고 있다.

화이트헤드 『사고의 양태』 14 - <강의1>중요성⑬; 사태와 중요성

2023. 5. 15. 6:30

단순한 사태라는 관념은, 외적 작용의 필연성에 자신을 조정해 나가는 단순한 존재의 습성이, 사고 속에 출현한 것이다. 그것은 우리 자신과 모든 유형의 사물들을 끌어안고 있는, 자연의 끊임없는 움직임에 대한 인지다.

중요성에는 두 가지 측면이 있다. 하나는 '우주의 통일성'에 기초를 두고 있고, 다른 하나는 '세부 사실들의 개체성'에 기초를 두고 있다. 관심이라는 말은 후자의 측면을 시사하고, 중요성이라는 말은 전자에 쏠려 있다.

진리에 대한 열정은 관심을 전제로 한다. 그리고 지속되는 관찰은 관념을 전제로 한다. 우리를 집중시키는 것은 관련이 없는 사안들을 무시해 버린다는 일을 의미한다. 그와 같은 무시는 오직 어떤 중요성의 느낌에 의해서만 지속될 수 있다.

그러므로 중요성 또는 관심에 대한 감각은 동물적 경험의 존재 자체에 내재되어 있다. 그것이 지배력을 상실할 때, 경험은 사소한 것으로 전락하여 무(無: nothing)를 향해 간다.

화이트헤드 『사고의 양태』 15 - <강의1>중요성⑭; 단순한 사실

2023. 5. 17. 8:30

단순한 사실이라는 관념은 추상하는 지성의 산물이다. 고립된 단순한 사실이란 유한한 사고, 즉 총체적인 것을 포섭하지 못하는 사고가 필요로 하는 최초의 신화(神話)다. 그런 사실이 신화적 성격을 지니는 까닭은 그런 사실이 존재하지 않는다는 데 있다.

연관성은 모든 유형의 모든 사물이 지니고 있는 본질에 속한다. 그러므로 단일한 사실들을 고찰할 때면 언제나, 그 사실의 존재를 위해 필요불가결한 환경적 통합이라는 전제가 억눌려 있다.

화이트헤드 『사고의 양태』 16 –<강의1>중요성⑮; 중요성의 특징

2023. 5. 21. 6:20

중요성이란 느껴진 사물들의 우주에다, 하나의 전망을 부여하는, 느낌의 한 측면이다.

중요성과 전망은 긴밀하게 서로 얽히는 두 관념이다.

중요성은, 그 무수한 종(種)의 개념들 가운데 몇몇이 지닌 압도적 탁월성에 가려, 그 빛을 잃어버렸던 유적(類的) 관념이다.

화이트헤드『사고의 양태』17 – <강의1>중요성⑯; 도덕률과 도덕성

2023. 5. 22. 6:00

도덕률은 관련된 우주의 체계적 특징에 관한 전제들과 관계가 있다. 이들 전제가 들어맞지 않을 때, 그 특수한 도덕률은 관련 없는 추상에 대한 공허한 진술이 되고 만다.

도덕성은 중요성을 극대화하기 위해 과정을 제어하는 데서 성립한다. 그것은 그것에 속한 다양한 차원에서 경험의 위대성을 지향한다.

보편적인 도덕적 이상으로서, 우주의 본질적 특성에 속하는 하나의 행위 체계라는 것은 존재하지 않는다. 보편적인 것은, 어떤 행위 체계를 채택하게 되는 여러 조건 속에서, 그 체계에 스며 들어가게 되는 정신이다.

그러므로 도덕성은 신화적인 추상 세계에서 우리가 지향해야 할 것을 말하지 않는다. 그것은 사실상 어떤 특정 목표를 정당화해 주도록 되어 있는 일반적인 이상과 관계가 있다.

화이트헤드 『사고의 양태』 18 - <강의1>중요성⑰; 사상의 진보

2023. 5. 28. 10:30

사상에서 거대한 진보가 종종 행운의 오류에 기인하는 수가 있다. 이들 오류는 지나친 단순화의 소산이다. 이런 때에도 진보가 이루어지는 까닭은 그 지나침이 당장은 단순화된 관념들의 사용과 무관하다는 사실에 있다.

과다한 상식은 그에 상응하는 불이익을 수반한다.

오류를 놓고 두려워할 때 진보는 종말을 맞는다. 그렇게 진리를 사랑하는 일은 오류를 보호하는 일이다.

화이트헤드 『사고의 양태』 19 - <강의1>중요성⑱; 역사에 대한 비판

2023. 6. 1. 6:30

역사에 대한 비판은 근대 세계를 통해서야 비로소 전개될 수 있었다. 물론 갑작스런 출발이라는 것은 없다. 비판을 예상케 하는 사례들은 그 이전의 문헌 속에서 언제라도 찾아볼 수 있다.

물리과학의 영향을 받아, 역사의 임무는 현대로 올수록 사건들의 단순한 전후 관계를 서술하는 일에 제한되어 왔다. 이와 같은 지식의 이상은 사태의 승리를 의미한다. 오늘날 인과관계라는 관념은 오직 경제적인 동기와 같은 물리적인 자료들에 대한 진술에서만 그 타당성을 인정받고 있다. 이러한 역사는 추상적인 신화의 지위를 벗어나지 못한다. 다양한 동기들이 배제되고 있는 것이다.

사건들의 단순한 연속으로서 역사 연구는 이미 그 타당성을 잃어버렸다. 그것은 하나의 가상적 작업이다. 무수히 많은 사실들이 존재한다. 우리는 각 시대를 지배하는 중요성의 특수한 형식으로부터 파생되는 통합의 줄기를 찾고 있다. 각 시대에 본질적인 그와 같은 관심을 떠나서는, 언어도, 예술도, 영웅적 행위도, 헌신도, 존재하지 않게 될 것이다.

이상(理想)은 사태를 초월해 있으면서도 사태의 전개에 색조를 부여한다.

화이트헤드 『사고의 양태』 20 – <강의1>중요성⑲; 사태의 궁극

2023. 6. 15. 8:30

사태는, 궁극적 실재를 가장하여 나타나는 순수한 형식적 관계에다, 사고를 제한할 때 얻어지는, 하나의 추상이다. 이는 과학이 완벽한 지평에 도달하는 순간, 미분방정식에 대한 연구로 전락한다. 여기에서 구체적인 세계는 과학의 그물을 빠져나가 버린다.

각각의 사회 체계는 다양한 양태의 관심들을 실현하고 있다. 이들 가운데 일부는 주도적 역할을 하고, 일부는 배경을 이룬다.

사태에 주의를 집중하는 것은 무미건조한 사항에 지상권을 부여하는 일이다. 그러한 극단적 국면으로의 접근은 언제나 도피적이고도 은둔적인 성격을 학문에 부여한다. 이런 성격은 개인적인 경험에 영향력을 행사하고 있는 것으로서의 우주를 드러내 보여주는, 본질적 연관을 외면한다.

신창호

현) 고려대학교 교수
이메일 sudang@korea.ac.kr

교육철학잡기 6 [2023-1]
–독일 기행, 아우구스티누스, 『주역』, 그리고 화이트헤드–

초판발행 2023년 11월 1일

지은이 신창호
펴낸이 노 현

편 집 배근하
디자인 이영경
제 작 고철민·조영환

펴낸곳 ㈜ 피와이메이트
서울특별시 금천구 가산디지털2로 53 한라시그마밸리 210호(가산동)
등록 2014. 2. 12. 제2018-000080호
전 화 02)733-6771
f a x 02)736-4818
e-mail pys@pybook.co.kr
homepage www.pybook.co.kr
ISBN 979-11-6519-477-2 03370

정 가 15,000원